"匠心·匠人·匠指"丛书

从职业院校走出来的
大国工匠 能工巧匠

中公教育创新战略研究院 编

中国言实出版社

图书在版编目（CIP）数据

从职业院校走出来的大国工匠 能工巧匠 /中公教育创新战略研究院编. -- 北京：中国言实出版社，2022.11

ISBN 978-7-5171-4321-5

Ⅰ.①从… Ⅱ.①中… Ⅲ.①职业教育－人才培养－经验－中国 Ⅳ.①G719.2

中国版本图书馆CIP数据核字（2022）第186795号

从职业院校走出来的大国工匠能工巧匠

责任编辑：薛　磊　李　岩
责任校对：王建玲

出版发行：中国言实出版社
　　　　　地　　址：北京市朝阳区北苑路180号加利大厦5号楼105室
　　　　　邮　　编：100101
　　　　　编辑部：北京市海淀区花园路6号院B座6层
　　　　　邮　　编：100088
　　　　　电　　话：010-64924853（总编室）　010-64924716（发行部）
　　　　　网　　址：www.zgyscbs.cn　　电子邮箱：zgyscbs@263.net

经　　销：新华书店
印　　刷：北京中科印刷有限公司
版　　次：2023年1月第1版　　2023年1月第1次印刷
规　　格：710毫米×1000毫米　　1/16　　19.75印张
字　　数：286千字

定　　价：78.00元
书　　号：ISBN 978-7-5171-4321-5

目 录

1

附录一　名企高管谈用人

附录二　职校学生谈体会

大国能工巧匠

工匠

一

万吨水压机操作者

——记中国一重技校毕业生 刘伯鸣

刘伯鸣毕业于一重技校，是从中国一重集团有限公司水压机锻造厂锻9班成长起来的集团首席技师、锻钢事业部水压机锻造厂副厂长。他自从1990年入厂，就始终扎根锻造一线，把职业当作事业来干，从一名普通工人成长为专家型技术工人、生产管理干部，入选"大国工匠"2019年度人物。

万吨水压机操作者

刘伯鸣从事锻造工作30载，是我国第一台万吨水压机和世界最先进的1.5万吨自由锻造水压机操作者，独创40种锻造方法，开发31项锻造技术，先后攻克核电、石化等产品锻造工艺难关90余项，填补国内行业空白40多项。出色完成三代核电锥形筒体、水室封头、主管道、世界最大715吨核电常规岛转子等超大、超难核电锻件和超大筒节的锻造任务20余项。

在两台万吨水压机的接续中，一大批大国重器从他所在的制造厂发出，在秦山2期、三门2号、福清5号、CAP1400项目等国家重点工程项目中

刘伯鸣

中国一重集团有限公司锻造工、高级技师

大国工匠

万吨水压机一次次怒吼，
百吨锻件被他的"绣花"功夫"折服"；
尺寸精细到毫厘，
让中国核电、石化重装设备站在世界之巅。

发挥重大作用，为促进核电、石化、专项产品国产化和进口替代、提升我国超大型铸锻件极端制造整体技术水平和国际竞争力做出了突出贡献。

刘伯鸣专攻核电、石油化工大型锻件等世界公认综合性能要求最高、技术难度最大的热加工产品。在没有任何技术资料可借鉴的情况下，苦心钻研、全身心投入技术攻关，终于提出"关键点控制法"，使锥形筒体在中国一重顺利锻造成功，填补了国内空白，也彻底打破了此类核电关键锻件全部依赖进口的被动局面。

填补仿形锻造技术空白

提起刘伯鸣，工友们都赞不绝口。给大家印象最深的一件事儿是，在推进第三代百万千瓦级核电锻件国产化、产业化进程中，他带领创新团队成员成功锻出国内最大的首件 CAP1400 锥形筒体，填补了我国核电装备制造中仿形锻造技术的空白。

操作性、生产性的技术创新，也是企业创新体系的重要组成部分。在第三代百万千瓦级核电核心装备生产中，有不少形状复杂、锻造难度极高的超大型锻件，这种个性化、小批量、大吨位的锻件属于核电装备的高端产品，是对制造企业锻造水平和极端制造能力的严苛考验，也是第三代百万千瓦核电装备国产化进程中必须突破的生产操作型难关。

其中最具代表性的核电锻件为锥形筒体，其锻造的关键难点在于不仅要保证筒体大、小圆的同心度，还不允许出现较大椭圆，且锻件容易出现壁厚"不均匀"现象。

挑战面前，刘伯鸣迎难而上，与技术人员一起反复研讨更可靠更有效的具体操作方案。操作中，他精确指挥锻件变形过程的每一个环节，严格控制锻件的轴向窜动和旋转角度，精细调整水压机的压下量，保证了活件壁厚均匀，最终成功锻出国内最大的首件 CAP1400 锥形筒体，填补了我国核电装

备制造中仿形锻造技术的空白，为推动我国核电大型锻件制造技术升级、提高我国锻件制造的整体技术水平和国际竞争力作出重要贡献。

打造"华龙一号"三代核电国产自主技术新名片

在第三代百万千瓦核电核心装备生产中，不少个性化、小批量、大吨位的锻件属于核电装备的高端产品，是对制造企业锻造水平和极端制造能力的严苛考验，也是第三代百万千瓦核电装备国产化进程中必须突破的生产操作型难关，三代核电蒸汽发生器的水室封头就是其中之一。

刘伯鸣不放过锻造过程任何一个细节，反复计算板坯厚度和直径，精确计算锻件旋转角度，一次次测量辅具和封头，精细调整水压机控制变形，在百吨锻件上做足"绣花"功夫。凭着严谨精细的工匠精神、丰富扎实的经验积累和高超的锻造技术，刘伯鸣指挥锻造的核电锻件产品全部一次合格，一举破解世界性难题，提高了我国核电产品使用寿命。

"华龙一号"作为中国核电主打品牌，是我国唯一具有完整自主知识产权的三代核电技术产品。在"华龙一号"首批示范项目中，刘伯鸣带队从计算机数值模拟、制定工艺方案到模具的设计与制造，再到锻造过程中的加热处理、变形操作，不断完善基础工艺数据，逐一攻克各环节操作难关，最终圆满完成"华龙一号"主泵泵壳锻件首件制造。经评定，泵壳锻件内部组织完全达到硬度均匀、性能稳定等关键技术指标，性能试验一次成功。

刘伯鸣还先后完成核反应堆压力容器、蒸发器、接管段、主管道等高难度锻件的锻造重任，推动中国一重形成了一整套"华龙一号"堆型核反应堆压力容器制造工艺流程，打造了中国核电设备国产化的新名片。

组建工作室、竞聘副厂长，从示范带动到领军管理

在厂领导和工会的支持下，组建了劳模创新工作室，围绕生产重点、难点积极献计献策、发明创造，取得了丰硕成果，有效扩大了劳模创新工作室的辐射面和影响力。

在《加氢筒节减余量》创新课题攻关中，刘伯鸣通过课题立项、数据分析与研究及课题成果实践检验，提高了小组成员的创新能力，也通过刘伯鸣的"传、帮、带"培养了一批优秀员工，为提高生产效率、产品质量及节能降耗作出了重要贡献。此外，刘伯鸣劳模创新工作室还完成了《创新生产方式加快生产节奏》和《转变方法提高长筒类锻件质量》两项课题，节约附具资金达 87.25 万元。通过课题攻关，将 2016 年长筒类锻件合格率从 2015 年的 86.7% 提高到 93.9%，优级品率从 13.2% 提高到 18.9%，创造了可观的经济效益。

经过刘伯鸣团队不断努力摸索，中国一重率先突破超大钢锭中心压实、超大锻件截面晶粒细化、机械性能均匀性等诸多国产化技术瓶颈，攻克了超大转子锻件纯净性、均匀性、致密性制造和超大直径转子锻件整体性分析评价难题。

刘伯鸣不仅注重提高自身业务水平，还通过开展岗位技术练习、重点锻件生产经验交流、每月生产技术经验总结、建立岗位练兵台，互学互助结"对子"等灵活多样的岗位培训活动，全面提升班组人员的技术水平，为企业创造了可观的经济效益。刘伯鸣劳模创新工作室先后荣获"黑龙江省劳模和工匠人才创新工作室""齐齐哈尔市技能人才（劳模）创新工作室"等荣誉称号。

刘伯鸣团队承接的盛虹石化的 EO 超大型管板，直径长达 8.7 米，而1.5 万吨水压机立柱间工作间距为 7 米，如何实现"小锅烙大饼"？刘伯鸣和团队成员全身心投入技术攻关，反复思考工艺参数、琢磨锻件变形过程，

最终决定实行"体外锻造",像擀饺子皮一样使锻件加工达到了工艺尺寸。这个部件的锻造技术在国内还是首创,完全没有任何技术资料可借鉴,超大型管板的锻造成功,使中国一重的体外锻造技术走在国内前列,打破了国外技术垄断,解决了该类产品"卡脖子"问题。

2018年,在集团公司的体制改革中,刘伯鸣竞聘成为铸锻钢事业部水压机锻造厂副厂长,打破了近年来技术工人无法走向管理岗位的桎梏,在技术与技能人才晋升通道打通的条件下,为技术工人闯出了一条职业提升的新路。

匠心·匠言

围绕生产重点、难点积极献计献策、发明创造,攻克技术难关,突破国产化技术瓶颈、解决"卡脖子"问题,对于技工是最有意义的!千锤百炼,锻造国之重器,万难不惧;披荆斩棘,与钢铁巨人为伍,一心报国。

(部分文章内容摘自《黑龙江日报》,王彦)

焊接火箭发动机的"中华第一焊将"

——记航天 211 厂技工学校毕业生 高凤林

年及花甲的高凤林，作为一名焊铸火箭发动机的航天特种熔融焊工，担任着中华全国总工会兼职副主席，长三甲系列运载火箭、长征五号运载火箭的第一颗"心脏"（氢氧发动机喷管）都在他手中诞生，累计为 90 多发火箭焊接过"心脏"，占同期我国火箭发射总数近四成，攻克了 200 多项航天焊接难关。1994 年，他凭借最佳焊缝成型获得了美国 ABS 焊接取证认可，受到美国船检官员的称赞；2014 年底他携 3 项成果参加德国纽伦堡国际发明展，全部摘得金奖。无论在专业能力、业内地位上，还是职业发展和工会职务上，都是名副其实的"中华第一焊将"。曾任职于中国航天科技集团公司第一研究院国营二一一厂（首都航天机械公司），担任发动机车间班组长，现为航天一院首席技能专家，国家特级技师，荣获全国十大能工巧匠、中华技能大奖。

"东方红"上天时，"航天梦"深植心中

1962 年 3 月，高凤林出生于河北省东光县的一户普通人家。父母对他

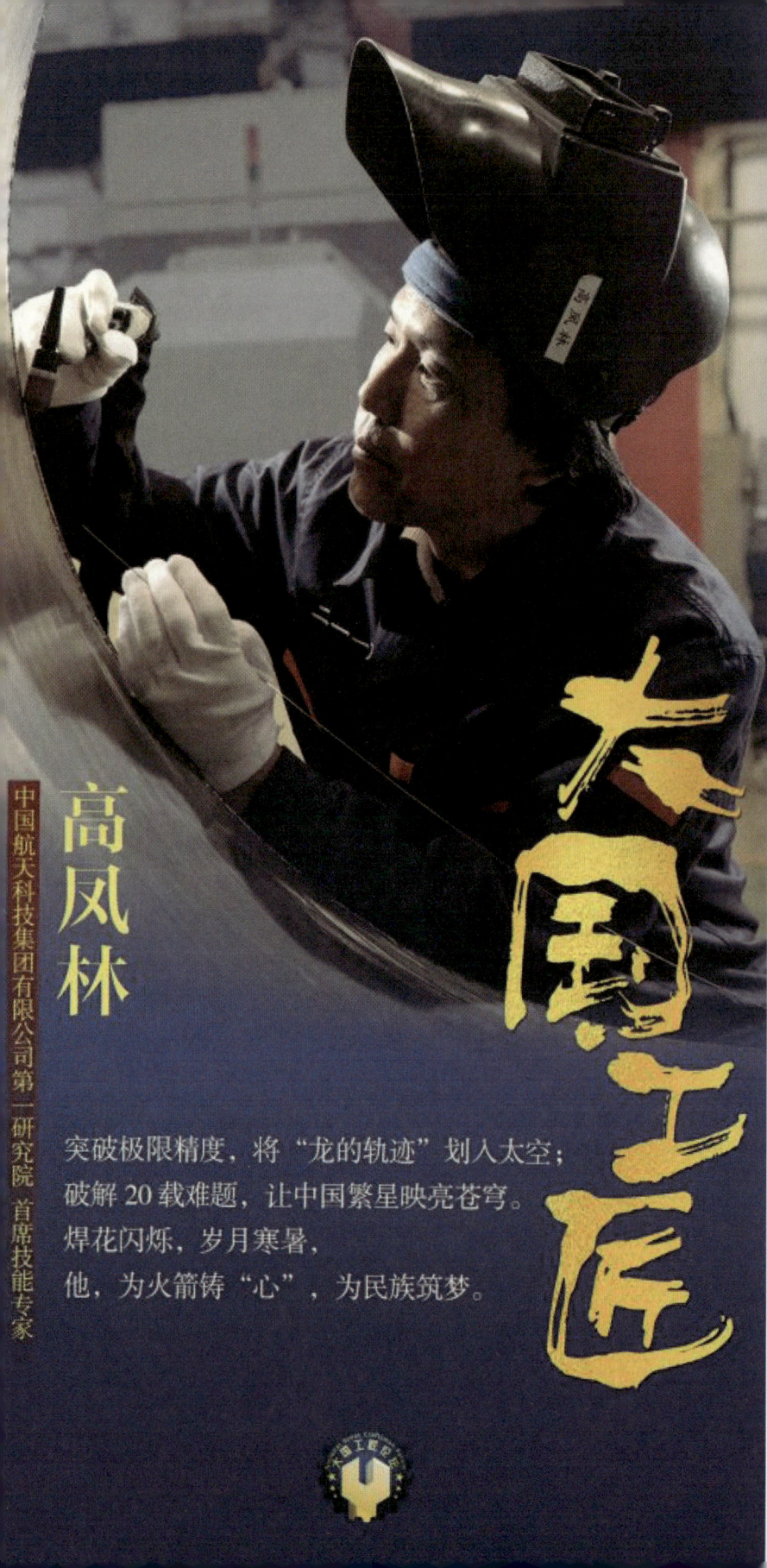

大国工匠

高凤林

中国航天科技集团有限公司第一研究院 首席技能专家

突破极限精度，将"龙的轨迹"划入太空；
破解 20 载难题，让中国繁星映亮苍穹。
焊花闪烁，岁月寒暑，
他，为火箭铸"心"，为民族筑梦。

最大的期许，就是盼着他日后能进工厂当一名工人。在父母的言传身教和社会浪潮的耳濡目染下，高凤林也自然而然地萌生了当一名工人的想法。后来之所以会走上焊接工这条路，既有偶然的因素也有必然的因素。

1970 年，长征一号运载火箭将东方红一号卫星送上了太空。随着《东方红》乐曲响彻于天地之间，我国正式拥有了独立研制并发射人造地球卫星的能力。

当全国人民都沉浸在这份喜悦中时，年纪尚幼的高凤林并不能理解这颗卫星升空所带来的震撼力和影响力。他只是好奇，卫星是怎么上天的，乐曲又为什么能在天空中播放？

当他跑去问父母的时候，父母笑着鼓励他："卫星上天不是一个人就能做到的。也许，你以后也可以干这样的大事。"

从那时起，高凤林的心里就种下了一个航天梦，要亲眼见证卫星、火箭、导弹是怎么上天的，更要亲自参与到这项光荣的工作当中去。

1978 年，中学毕业的高凤林报考了第七机械工业部（航天工业部）211厂技工学校。当时的技校学生都是包分配的。毕业后会被分进各大单位和工厂，基本也就是端上了"铁饭碗"。211 厂技工学校的毕业去向大概率是 211厂，吃上航天饭，由于他从小到大的学习成绩都很优秀，录取十拿九稳，因而他自信满满地报考了机床班。后来，高凤林顺利考取了 211 厂技校，但录取他的却不是梦想中的机床班，而是焊接工艺与制造班。

1980 年，表现突出的高凤林在毕业后被分配至 211 厂第 14 车间。负责带他的指导老师就是中国第一代氩弧焊工代表人物陈继凤。

对于焊接工作，他在名师领路下有自己的追求。

没人天生会焊接，与很多人一样，高凤林第一次拿焊枪也很不顺利。当他一手用焊枪夹住焊条，一手拿起防护面罩，焊条已不自觉地接触到练习用的铁板，那突然闪出的耀眼弧光和铁板、焊条熔解的"滋滋"声，让他下意识地将焊枪向上一提——焊条却从焊枪上掉了下来。他放下防护面罩，关掉电源，一屁股坐在地上，半天没有再动一下。与许多人不一样的是，回过

神的他，掏出笔记本和笔开始记录焊接的操作规程和自己操作时的心理变化，再去观察师傅们是如何操作的，然后记下他们的动作特点。最终总结为三个大字："稳"、"准"、"匀"。终于，他打开电源、拿起焊枪、带上防护罩，深吸一口气，稳稳地将焊枪在铁板上轻轻一点，在满地洒落的"流星"中，完成了人生中的第一道焊缝。

1982 年，长征二号捆绑运载火箭在研发中，其中的全箭振动试验塔里面振动大梁的焊缝要求必须达到一级标准。而所谓的一级焊缝，就是指全熔透、100% 超声或射线标准。这是极其严格的标准，就连身经百战的老焊工也不敢说有十足的把握。

高凤林在得知这个情况后，默不作声地回去试验了很久。最终，他提出了一个全新的焊接方案：多层快速连续堆焊加机械导热。

事实证明，这个方案是有效的。在高凤林的焊接下，试验塔如期竣工，捆绑运载火箭的试验发射也取得了成功。当初振动大梁的预设承载力是 360 吨，经过新型技术的焊接，承载力提高到了 420 吨，实现"质"的飞跃。

在国家"七五"攻关项目、东北哈汽轮机厂大型机车换热器的生产中，"熔焊"是一大关键，有关人员经过一年多的试验也未能取得突破。这块"硬骨头"交到了高凤林的手上。此时他已经成长为焊接领域的青年专家。半年的时间里，从早到晚，高凤林天天趴在冰冷的产品上，一趴就是几个小时不下来。

以前的师傅打趣说："小高呀，你是和产品结婚了吧，一来你就抱着它不下来。"凭着这股劲头，他终于把压在单位一年多的两组 18 台产品交付出厂。时至今日，高凤林说"这是最苦的一次"。

他把"不达目的，誓不罢休"用在了学习和每一次攻关中。参加成人自考时，为了复习，他瘦得腮帮子都凹陷了。参加航天系统青工技术比赛时，他吃住在厂里，白天穿梭于攻关现场、训练场、课堂，晚上抱着两摞厚厚的书籍学习到 3、4 点钟，不到 30 岁的人头发一把把地往下掉。最终，高凤林在比赛中取得了实践第一、理论第二的优异成绩，课程设计考试一次通过，产品攻关也进展顺利。

　　在焊接之路上，高凤林不断精进自己的实操能力，并挤出时间在文化知识上查缺补漏。1988 年，他进入首都某高校进行 4 年的学习；2000 年，他又专程前往北京理工大学学习计算机知识。中间的 1991 年，被破格晋升为国家级技师。学习永无止境，高凤林从来不囿于眼前所得。他总是努力充实自己，力求站在时代的最前沿为国效力。他深深地体会到：只有把知识和实践结合起来，才能发挥出无穷的力量。高凤林说："如果追求短期内快速成功，很可能就是昙花一现。"

当之无愧的第一"焊将"

　　上世纪九十年代初，在长征三号甲系列运载火箭的研发中，第一台氢氧发动机的焊接工作又成了一个大问题。在焊接大喷管那一段时，许多老焊工

都不敢下手。因为管壁太薄了，比一张寻常的纸张还要薄。焊枪停留时间短了，那可能会没焊到位；但要是停留时间长了，哪怕只有 0.1 秒，管壁也有可能被焊漏或是烧穿。

在这种压抑的氛围下，高凤林顶着巨大的压力站了出来。他在工作岗位上连续坚守了一个多月，每天雷打不动地拿着焊枪焊接大喷管。除却心理压力外，他的身体也在同极限搏斗。每次结束工作起身时，他都需要别人的搀扶。在日复一日的高压环境和严格的技术要求下，高凤林的手臂和腰部总是会麻木到失去知觉。晚上回家后，他都要躺在床上用毛巾热敷身体。等第二天恢复正常后，他又要投入新一轮的奋斗。

历时一个多月后，大喷管的焊接工作终于完成。可还没等众人松一口气，一个坏消息又传来了。在 X 光的透视检测下，可以明显地看到喷管的焊缝处有 200 多条裂纹。这意味着，这次的焊接工作失败了。

可高凤林不信邪。面对技术专家的质疑，他坚持说焊接没问题，显示的裂纹是假象。在后续的解剖核实中发现，管壁上真的没有出现裂纹。高凤林是对的，他的技术也没有问题。

2006 年，由丁肇中教授主持、16 个国家和地区科研机构参加的暗物质与反物质探测器项目遇到了瓶颈。

丁肇中通过多方打听找到了高凤林。在众人一半期待一半怀疑的目光下，高凤林担起了这次的重责。"两拨顶级专家没有攻克的难题，我花了一天一夜的时间给出了自己的解决方案，最后成功了。"

这件事证明了，工人不是自来就低人一等的。只要不断进取、不断在实践中充实自己，工人一样可以在科技之巅提出自己的见解、留下自己的身影。

在国际上打出了"中国焊将"之名后，有外企开出八倍于其工资的高薪、承诺解决住房问题"挖"高凤林跳槽。他毫不犹豫地拒绝了。"我的国家，因为我的努力而强大，这才是我的骄傲。"高凤林说，中国载人航天工程在起步晚、基础弱、技术门槛高的情况下启动，仅用 20 多年就敲开了建设空间站大门，这是一个奇迹，造就奇迹的正是无数航天领域工匠的奉献精神。

"一个国家、一个地区的发展，不仅需要高技能人才的技能，还需要他们愿意贡献、善于贡献，这就是'匠心'。"高凤林认为，推动产业工人队伍建设改革走实、走深、走心，为工匠量身定制晋升及薪酬、奖励政策，才能引领全社会尊重劳动、热爱劳动、崇尚劳动的氛围。

2019年，长征五号火箭发动机的焊接工作又落到了高凤林的头上。相较于以前的焊接工作，这次的任务更加艰巨——喷管管壁厚度是0.33毫米，比之以往更加薄弱。而要完成整个焊接操作，需要重复3万余次相同的精密动作；并且在电焊时不能眨眼，必须牢牢盯住那一条微乎其微的焊缝。正常人的眨眼频率是每分钟15次至20次左右，但高凤林通常能做到10分钟都不眨眼。工作需要多久，眼睛就坚持多久，这是他对自己提出的硬性条件。

从业近40年以来，高凤林为140多发火箭焊接过"心脏"。这个数量，达到了我国同期内火箭发动机总数的近一半。由他所攻克的技术难题更是多达200多项，其中还包括一些国际项目。就连一贯不将他国同行放在眼里的美国宇航局，也为高凤林两度破例，诚聘他为特派专家，赴美指导"奋进号"飞机的相关焊接工作。

随着我国"东风"导弹系列的研制发射，高凤林在本职工作以外又多了个"兼职"。如果遇到什么需要帮助的，二话不说就会拿起焊枪。

自参加工作以来，高凤林始终奋斗在一线，多次谢绝了外界高薪聘请，工作加班加点、任劳任怨；技术精益求精，刻苦钻研；是公司青年尤其是青年工人的楷模。他多次作为厂、院、北京市焊接教练、集团公司命题组长，对年轻技术工作者倾囊相授，曾经260课时传授，培训17名技术人员，本人和带队参加全国比赛，都取得好成绩。

著有论文多篇，分别发表于《航天制造技术》、《航天产品应用焊接技术》等刊物。由于贡献突出，其事迹多次被收入《中华名人录》、《当代人才》、《国际人才》等期刊和中央电视台《实话实说》、《焦点访谈》等节目。

他的社会活动能力也很强，积极参与党、团、工会等工作，先后担任过团支部书记、党支部青年委员、组织委员、工会分会主席等职，并以自身的表率带动影响青年团员和广大职工群众。

2009 年，高凤林成为享受国务院特殊津贴的专家。2019 年，又被评为"2018 年大国工匠年度人物"、"最美奋斗者"，"工匠精神"备受社会肯定。"弘扬工匠精神，要时刻保持向上的心态、归零的心态，久久为功，向更高的目标进发，逐步实现个人价值。"他说，"要始终保持坚定的立场，永恒的信念，将理论学习运用到实践中，用扎实的知识和高质量的产品推动社会的发展。"

高凤林作为焊接大师，对最新技术的应用很上心，强调："虽然自己是一名特种熔融焊接工，但十分注重焊接自动化和智能化的发展，自己曾多次与焊接设备厂家共同研究，优化设备的结构与功能。"

匠心·匠言

要让技术人才愿意贡献、善于贡献，才能发挥"匠心"。这需要个人与大环境的共同努力。实操能力构成技工的核心竞争力，文化知识则增厚一个人的底蕴。两者应并行不悖，不断求学精进。熟悉情况、精通业务，使自己有足够的底气坚持在技术问题上的见解。把知识和实践结合起来，发挥出更大的力量。不追求短期内快速成功，稳扎稳打筑好基础，专注长远走得更远。

（部分文章内容摘自网易新闻，悦悦）

天舟对接机构的总装人

——记航天 149 厂技校毕业生 王曙群

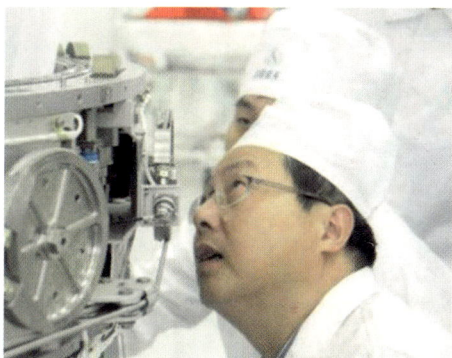

2021 年 10 月 16 日 6 时 56 分，神舟十三号载人飞船采用自主快速交会对接模式，成功对接于中国首个空间站核心舱"天和"径向端口，与已对接的天舟二号、天舟三号货运飞船一起组成四舱（船）组合体——"太空之吻"成功！

作为空间站的核心产品之一——对接机构的总装调试出自王曙群的团队。王曙群是中国航天科技集团八院 149 厂（上海航天设备制造总厂）对接机构总装组组长，先后参与神舟、天宫、天舟、嫦娥等型号航天设备的科研生产和发射任务，其中 7 次太空交会对接试验考核、13 次交会对接试验，均由王曙群团队负责对接机构的总装。30 多年来，王曙群就好比一颗"螺丝钉"，扎根在航天生产一线，从一名技校生成长为大国工匠，带领着一群匠人打造国之重器。

梦归航天，不失赤子之心

儿时的王曙群作为随军家属，跟着父亲生活在部队大院里，受到了军营文化的熏陶。他憧憬着，长大后能够回到成长的军营，做一份类似军队那样

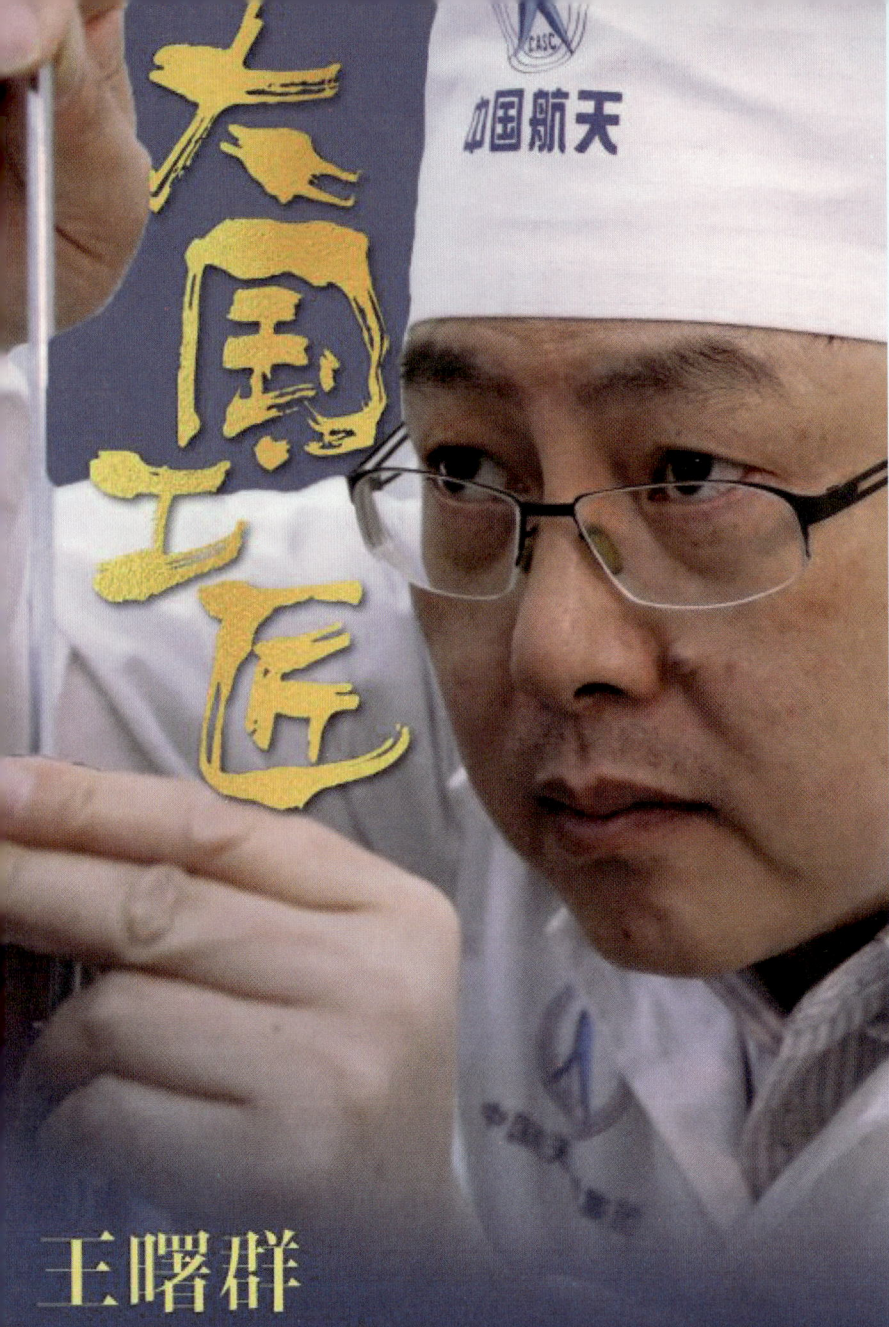

大国工匠

王曙群

上海航天设备制造总厂有限公司
导弹总体装配工、特级技师、高级工程师

反复试验、分析、装配，他为航天器"拧螺丝"，
缔造一个个"太空之吻"，筑牢"天宫"。
脚踏实地，仰望星空，
探索永无止境，他的征程是星辰大海。

对国家有重大意义而又可以留在上海的工作。中考时，王曙群回到上海，对于报考的学校，毅然选择了 149 厂（时为航天部新中华机器厂）技校，希望能够在掌握一技之长后，能回归类似军队的集体生活。

1989 年，王曙群毕业来到 149 厂上班，被分配从事工装磨具装配和维修的工作。每天，他跟着师父单培林，在钳工台上学习锯切、划线、錾削、锉削、钻削……这些技能都是生产精密仪器设备必不可少的手艺活。

工作后不久的一天，师父让王曙群加工一个复杂零件。作为技校优秀的毕业生，他觉得这并不是难事。接到任务后，王曙群开始划线，单培林默默在一边观察，看到王曙群划完线就叫停了他。一句话也没说，单师傅用工具重新划了一次线。

乍眼望去，两次划线并没有什么不同。然后，定睛一看，王曙群发现这是两条不同的线，它们之间竟有着毫厘的差距。单师傅告诉他，当误差累计后，它们可以导致加工的零件会有 1 毫米的差距。从此以后，王曙群明白了一个道理：航天容不得半点马虎，选择航天就意味着一辈子都要和自己斗争，不能有丝毫的松懈。

带着这样的信念，王曙群在航天的技术海洋中不断汲取力量。1996 年以曾获中级工考试第二名的成绩破格进入高级工培训班，在培训过程中正好赶上对接机构产品研制。他就此加入了中国载人航天研制、生产的战队，开始了为之奋斗终生的对接机构装调之路。

坚信 100－1＝0，把每一项工作都做到极致

2011 年 11 月 3 日凌晨，"神舟八号"与"天宫一号"载着由王曙群带领团队亲手装调的对接机构，首次成功实现"太空之吻"。为了这一刻，他们在车间里坚守了 16 年。

"我儿子是 97 年出生的，可是我陪伴孩子的时间还没有陪对接机构这

个'孩子'的时间多。"为了早日攻克技术，王曙群起早贪黑，甚至难以抽空陪伴家人。

研制初期，他们遇到了对接锁系难以同步装调的难题，这将影响到航天员在太空中的生存与安全问题。王曙群与这个难题较上了劲，经过一年反复试验、摸索，最终使对接锁同步稳定性从最初的3次提高至50次以上。

对接机构中的每一套单机都必须经过各项试验，验证合格后才能对其进行总装。其中，有10大类31套单机，需经过从零下40摄氏度到零上50摄氏度的高低温循环试验。完成31套单机的验证工作，意味着要连续做31次试验，持续37小时。

为了保证试验的连续性和测试数据的准确性，他每次都带领团队坚持守在车间37小时。半夜睡意袭来，就用冷水擦一把脸，饿了就啃几块饼干。

在对接机构研制过程中，王曙群牵头研发了50多台专用装备，完成论文15篇，获得5项国家发明专利，他是对接机构技术国家专利主要发明成员之一。

从神舟八号至神舟十三号、天宫、天舟、天和核心舱，对接机构经历了12次飞行试验考核，圆满完成了15次交会对接试验任务。对于王曙群团队总装的对接机构，中国首位航天员杨利伟给出了"能够让航天员放心地去执行任务"的高度评价。

对于这样的评价，王曙群坚信航天产品"100-1=0"的定律，只有把每一项工作做到极致，才能保证每一项航天任务的圆满完成。

12把对接锁是对接机构中的关键部件，为保证对接、分离成功，不但相关各舱室的气体不能泄漏，舱与舱之间也要"天衣无缝"，而且对接时必须保持平稳、牢固，不能剧烈晃动。

为了早日攻克这一难题，他走路时想、睡觉时想，有时在饭桌上还会情不自禁地用手比画。找到了问题的症结，他马上提出了改变钢索旋向以及对钢索进行预拉伸处理的工艺方案，同时调整锁钩同步性的测量方法，一举解决了困扰对接机构团队近两年的对接锁系同步性协调的难题，不仅能使柔性传动的对接锁系快速精准地调整到同步，也使同步稳定性从最初的3次提高至50次以上。

为了满足太空飞行任务需求，王曙群团队每年要生产5—6套对接机构，同时还要保证一定的存量。在生产过程中，以往是"一边研制一边总装"的递进式生产模式。如今在149厂内，总装、测试、试验任务交织在一起，团队通过载人飞船与货运飞船对接机构产品通用的方案将部组件产品化、通用化。如此一来，团队便可以提前统筹型号的生产、总装、测试及试验任务，从短期规划扩展到中长期规划，形成了产品全周期生产模式，逐步实现产品规范化生产和"特需"产品差异化投产，使得单套对接机构交付时间从10个月缩短到了6个月。

王曙群强调："每一个做型号的航天人都明白，产品质量是产品生命的所在。无论是技术的提升还是技能人员的责任都是决定成败的关键因素。"

不止于匠心至善，着力培养航天"梦之队"

"没有对接机构就没有我今天的成长，没有团队的一起努力也没有我们今天的成就。"王曙群一直把自己的荣誉归功于他的团队，他们是走向航天强国建设的最有力的后盾。

随着型号研制工作量的增加，对接机构总装团队也由十余人的小团队，陆续增加到三十余人。然而，王曙群看着每月工作安排情况，一个个加班时间映入了他的眼帘，人均加班时间几乎接近饱和状态。

他深知，作为一线班组，发展、培养、聚焦稳定的高技能人才队伍才是解决"木桶"现象的根本所在。故此，他要打破固有的思维模式，激发全体组员的自身活力，发挥集体力量，才能让航天事业稳步发展。

如今，王曙群的团队不仅承担对接机构的任务，还投入到了月球车、卫星系统以及后续空间站众多机构的研制中。在他看来，探索未知就是航天人的使命，"航天人中有一句名言：我们的征途是星辰大海，我们的探索永无止境。"

为了让探索征程后继有人，王曙群给团队输送了一批又一批新鲜"血液"。班组现有成员 30 名，近年来通过一师多徒、一徒多师的岗位能力互学培训模式，实现了在岗 10 年以上的组员均取得技师职业资质，班组实现技师比例达到 50％的目标，双师（技师、工程师）比例达到 17％ 的技能型班组。

在王曙群被评为国家级技能大师后，市人社局等有关方面支持他成立了"火箭总体装配工高技能人才实训基地"，成为上海市首批资助的实训基地，广泛开展职工技能培训、技术练兵、技能比武。

近几年来，王曙群所在的国家级技能大师工作室为企业培养了 25 名技师、67 名高级工。同时，其工作室辐射了航天复杂结构件数控精密加工工作室、航天钣金精确制造工作室、宇航阀门工作室等，培养出了"全国技能能手"何启超、"全国团十八大代表"舒辉、"95 后数控国手"郑敬伟等一批技能人才。未来，他们都将有望成为八院工匠、航天工匠、上海工匠。他们将成为新时代产业工人的佼佼者、工匠精神的践行者。

匠心·匠言

立足岗位练兵，练就绝技绝活，能提高效率的技术就是最实用的绝活。1% 的错误，也意味着 100％ 的失败，一个由 100 个零件组成的产品上不能有一个细节的瑕疵。必须一丝不苟，坚守完美标准，对待工作不能有丝毫的松懈。践行工匠精神，就要对产品质量负责，视之为产品生命所在。无论是技术提升，还是责任落实，都事关质量、决定成败。

（部分文章内容摘自《新闻晨报》，荀澄敏）

特招入厂的航天器焊工王者

——记首钢高级技工学校毕业生 郑兴

　　1989 年出生于北京的郑兴，从小就有个太空梦，当 2003 年 10 月，中国载人航天第一人杨利伟乘坐神舟五号飞船飞向太空时，少年郑兴仰望星空，折服于人类追逐梦想而散发出的独特魅力。没想到，2007 年 18 岁时，凭借北京市职业院校技能竞赛个人第三名的获奖证书，郑兴作为唯一的技校生特招进入航天科技集团五院所属的 529 厂，从此也加入到拓展人类梦想边界的队伍中。

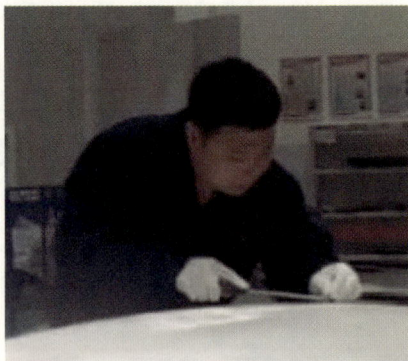

"美丽"的遇见

　　从小对外太空、星船模型感兴趣的郑兴，如愿在生命中最青春的岁月遇见了航天。

　　当时，中国载人航天事业正在快速发展。郑兴的师傅是全国著名焊接大师张铁民。师傅要求很严格，他对郑兴说："做一个焊工，会焊很容易，但是要焊好，很难。"在郑兴看来，这位严师就像树立在自己眼前的两座大山。一座大山挺拔巍峨、高不可攀，但上面有光芒四射的灯塔；另一座大山是靠

24

大国工匠

郑 兴

中国航天科技集团五院529厂 焊工、高级技师

巧手铸星船，匠心舞九天。
"神舟""天宫""天舟""嫦娥""天问""天和"……
经他手打磨过的航天器数不胜数，
每一条焊缝，他都一丝不苟。

山，有了师傅，干什么心里都有底。

十多年的勤学苦练，郑兴终于从初级工成长为一名高级技师，还成为全国技术能手。现在他是中国航天科技集团有限公司第五研究院下属的北京卫星制造厂有限公司焊接车间的能工巧匠，是"张铁民大师工作室"的青年核心骨干成员，集"全国青年岗位能手""全国技术能手""航天技能大奖"等多项荣誉于一身；主导负责了神舟飞船、天宫空间实验室、天舟货运飞船、嫦娥探测器等20多个大型密封舱体金属结构的焊接任务，圆满完成了2000多米焊缝的焊接工作，用一把焊枪在金属平台上"挥毫泼墨"，描绘出一道道美丽的弧光，领跑我国星船舱体焊接技能。

忘了星船名字，记得焊缝纹路

"大国工匠"郑兴常常忘了自己焊过的大国重器的名字。"神舟""天宫""天舟""嫦娥""天问""天和"……31岁的郑兴掰着手指头数。十来年里，经他手打磨过的航天器数不胜数，有些他能准确地报出名字，有些他忘记了。但他记得每一条焊缝的纹路。

2021年4月29日，我国空间站天和核心舱成功入轨，拉开了我国空间站建造的大幕。核心舱密封舱体的焊接主岗，就是郑兴。大型载人航天器的焊接，挑战焊工的最高水平。空间站核心舱舱体巨大，焊缝总长度超过300米，焊接时要高标准一次成型，难度极大，造型复杂的球面壁板舱体焊接更是从未有人挑战过。郑兴说，他们是给航天员在太空造房子，必须保证航天员在轨安全，焊缝中不允许出现任何缺陷。

空间站焊接进入关键期，郑兴发现，一旦空气湿度超过40%，试验件里的气孔数量和直径就明显增加。以往，他会把焊件局部升温，祛除湿气后迅速完成焊接。可空间站体积庞大，要想升温除湿非常麻烦。反复琢磨后，郑兴想到了一个新办法，但这意味着，在最潮热的夏天，郑兴经常要在五六十摄氏度的高温下连续工作一个多小时。郑兴说："受点罪也应该的，为了保证产品的质量。"

嫦娥五号返回器金属壳体型面复杂，器壁很薄，焊接后形变会很大。这些难题困扰着郑兴，一次次试验，均未达到合格的要求。郑兴不甘心，继续加大试验强度，通过大量的试验分析，最终锁定了焊接过程易出现问题的原因。他提出新的焊接方法等，确保了整舱焊缝一次合格率达100%。

在新一代载人飞船研制任务中，在几十次的焊接试验中，面对棘手的难题，郑兴静下心来冷静地分析和排查原因，最终找准了问题的根源。他"对症下药"，大胆提出对焊接工艺参数进行重组，终于获得了满足要求的焊缝内部质量。

与机器争高低

北京爷们儿郑兴很在意自己小拇指上的指甲。这纯粹是出于工作需要。焊接操作时，郑兴通常用右手拿焊枪，小拇指顺势借力搭在焊接产品上。因为离焊接区域比较近，这里往往温度很高，指甲正好把皮肉和产品隔离开，不至于被烫伤。

工作改变了郑兴很多。他开始有强迫症，总有人说机器会取代技工，他明白机器和人有各自擅长的领域，有些事情机器做不了，但还是想和机器争个高低。他变得爱数数，焊接时他要扣着帽子数试片，走路时他在心里默数台阶。

郑兴开始去关注机器的"脾性"，这些冰冷的工具，在他的眼里有了性格。比如加工车床，他清楚地知道，它们在早上和下午什么时候"脾气更好"。他说，"脾气好"的时候，干出来的活儿更漂亮。他与机器不仅互相较劲，还互相依赖，他始终在琢磨，怎么把活儿干得更漂亮。

有时候，郑兴大脑里会忽然冒出来"艺术"两个字。他觉着自己是裁

缝，在金属上进行着关于美的探索。他开始理解师傅说的话："焊接也是一门艺术。"

2014年秋，我国空间站节点舱正式进入产品的最后焊接阶段，郑兴所在的团队一共5个人，平均年龄29岁，受命为节点舱的顺利生产站好最后一班岗。舱体从装配到焊接完成需要整整48小时，必须两天两夜不眠不休。这是郑兴第一次作为焊接主岗操作。钳工人员进行装配时，他就在一旁调试焊机，将一片片试验件堆砌起来。正式焊接开始了，其他队友干完自己的班轮换着去休息，他却依然干劲十足，戴着面罩、弯着身躯，趴在舱体表面继续"雕琢"手中的"作品"。后半夜悄无声息地来临了，车间内一片寂静，只见郑兴趴着的地方火花四溅，还有陪伴在左右的队友。

舱体焊接对装配精度要求极高，看着一旁早已疲惫不堪的队友，为了让大家打起精神来，郑兴把说话的嗓门提高了几分："螺钉装配时拧紧一些""工装别反了""小心产品有划伤""登高时检查一下安全带"……

两天两夜，当大家齐心协力完成所有焊缝时，迎接郑兴的，是队友们端上的一碗热腾腾的泡面，和一张张充满钦佩、关切的笑脸。

"有难题，找郑兴"

在重大型号任务的实践淬炼下，郑兴逐步成长为技艺精湛的青年顶梁柱。"有难题，找郑兴"，成为大家在遇到难题时的口头禅。

2015年夏，焊接成形制造中心承担了载人飞船的舱体焊接任务，近95%的焊缝都要手工完成，焊缝局部的缺陷难以避免，只能后续手工补焊。由于产品的材料特点和季节因素，为保证舱体的补焊质量，实际焊接时需要在干燥高温的环境下进行，整个舱体被放到大烘箱里加热100摄氏度，恒温保持3小时对舱体除湿，然后立即进行焊接。从打开烘箱的大门进入高温环境到焊接完成离开合上箱门，需要不到5分钟时间，这让车间的焊工们不禁心里敲起了小鼓。

正在大家迟疑之际，只见一个身材并不高大的"小胖子"一手拿着焊枪，一手抓着焊丝，眼神坚定地钻了进去，头也不回地说了一声："把门合上！"大家这才反应过来："郑兴进去了！"

短短的5分钟，此刻显得有些漫长。终于，郑兴从舱里出来了，放下焊枪，摘下手套，脱去防热服，身上的汗水流淌了一地，胳膊上还多出一道伤痕。"没事，不打紧。"面对大家心疼的目光，郑兴轻描淡写地说。

找到问题根源"对症下药"

2016年春，在某最新型号航天器研制任务中，集高强度、耐腐蚀、良好的超塑性和低温强度等优势于一身的某新型材料应运而生。但是在几十次的焊接试验中，却始终存在着焊缝内部有气孔缺陷、焊后变形大、一次焊接合格率低等工艺难点，无法达到技术应用指标。正当大家愁眉不展时，郑兴又一次站了出来。

查阅新型材料合成元素，请教专业人士，进行大量实验对比，摸索试件焊接参数……这成了他每天的必修课。他焊过的试验板材都可以搭起一栋房屋，但面对棘手的难题，郑兴从来没有想过放弃。

经过冷静的分析和思考，他将目光锁定在新材料的熔池流动性特点，找到问题的根源后"对症下药"，大胆提出对焊接工艺参数进行重组，获得了满足要求的焊缝内部质量。最终，新材料焊接工艺成功应用于该型号航天器舱体的焊接中，一次合格率达到100%，为该材料在其他重大型号舱体的大规模应用打下了坚实基础。

如今，"工匠精神"已经成为大家耳熟能详的热词。郑兴认为，工人和工匠之间虽然只有一字之差，却有着天壤之别——工匠代表的是一种对工作精益求精、一丝不苟的精神与态度。"既然从事了航天工作，就必须对手

中的产品负责，对国家的航天事业负责，永远不能有"差不多"的想法。其实，在平凡的岗位上努力做出不平凡的成绩，一样可以实现"重于泰山"的人生价值。"

对于大国工匠的称号，"当你往上走的时候，到达一个高峰后还会跌到一个谷底，从谷底再上来的时候，你会爬得比之前的高峰还要高。"郑兴说。

匠心·匠言

对技艺要自信，焊接也是一门艺术。痴迷于事业中，钻进去，理解它，吃透它，才能成就一番事业。上行路不平坦，到达高峰后也许会跌落谷底，从谷底再上来的时候，总结了经验教训，就会爬得比之前的高峰还要高。

（部分文章内容摘自《中国航天报》）

航天产品翅膀的数控精雕师

——记山西机电职业技术学院毕业生 曹彦生

　　曹彦生是山西机电职业学院数控28班2005届毕业生，任中国航天科工集团第二研究院二八三厂车间副主任、机加专业副主任工艺师，主要从事航天精密零件生产加工，专长多轴零件加工、大型复杂结构件加工。1984年出生于北京市、家境良好的他，学生时期就对数控加工产生了极深的兴趣，24岁成为航天科工最年轻的高级技师，25岁获得"第三届全国之光职业技能大赛数控铣工组亚军"，此后申请专利6项，带领团队完成了多项国家课题。现为数控铣工工种国家职业技能竞赛裁判员，2014年、2016年第六、七届全国数控技能大赛五轴组专家成员。

　　获得的主要荣誉包括：

　　2010年，全国技术能手

　　2011年，航天科工集团"十大杰出青年"荣誉称号

　　2012年，北京市"金牌教练"

　　2019年，大国工匠

　　2020年，第十四届航空航天"月桂"奖

大国工匠

曹彦生

中国航天科工集团二院283厂加工中心 高级技师、高级工程师

在导弹"翅膀"上雕刻，
在毫厘间挑战极限，他分毫不差！
专注的眼神背后，
是对数控技术的不懈追求，
也是对"航天报国"的执着坚守。

沉下心锤炼心态和技艺

2005 年，曹彦生进入航天科工二院 283 厂，原以为能接触先进的数控加工设备，结果每天重复的，都是最简单的铣平面工作，这让曹彦生心灰意冷。"我当时是参加咱们全国数控大赛，当时是全国前十进来的，就自己觉得自己很厉害，心气高。你想来了以后就让我干一平面。"他回忆说。

就在曹彦生心浮气躁的时候，一次操作失误让他彻底警醒。在一次铣平面的过程中，曹彦生输坐标的时候输错了一个符号，瞬间，飞速旋转的刀具直接扎到了工作台上。"师傅就这样一瞪，一听声，我也马上意识到了，就"咔"一刀，零点几秒。但是后面想起来特别……没法，就不敢想。"

尽管第一时间终止了错误的程序，但是，工作台上已经留下了一圈刀痕，这道痕迹更是深深地刻在了曹彦生的心里。他省悟道："太浮躁，这次经历以后呢，心态上面这种沉淀很有帮助。"

沉下心的曹彦生慢慢认识到，看似简单的工作却是对自己心态和技能的全面锤炼。在这个岗位上，他一干就是三年，为了练就技能，日常生活中，

曹彦生只要看到一些复杂的结构，他都要想办法加工出来。

加工中一个看上去很普通的立方体，是一把鲁班锁，有十二个零件，一百多个面，加工它，需要考虑工艺顺序、控制加工精度、配合精度、细节要做到极致，一丁点的瑕疵都会失败，曹彦生通过加工鲁班锁来练就自己的技能，如何运用最先进的仿真制图技术？如何用五轴加工技术完成？在一次次地摸索中，曹彦生加工出来的鲁班锁，甚至看不出一丝缝隙。他肯定地说："间隙 0.005 毫米，相当于头发丝的十六分之一，是目前加工的极致，应该是最高水平了。"

一边苦练技艺，一边储备知识，一有空就往图书馆跑，在国内外的专业网站了解最尖端的技术。当时的厂房环境不够现代化。每天，他将沉重的导轨抬上龙门铣床，穿着大头皮鞋，来回蹚在冷却液中，双脚时常被浸透。任务紧张时，他每天都主动工作 14 个小时以上。繁重的工作没有让曹彦生懈怠，只要有空，他就泡在书店，把关于数控的书籍读个遍；进口数控机床的操作说明书和按钮提示都是外文，他就自学了多种外语。

回忆起在岗位上求学习艺的经历，曹彦生说："一开始时候还是很难的，也没人教你。可能看这个书看好几回有时候看不透。后来跟着边学，有时候在单位用的时候试一下，就猛然有那么一天，我把这个点学会了就觉得太享受了。"

不断为导弹翅膀雕出更高的精度

多年的技能磨砺终于迎来了用武之地。一次，厂里为国家某新型导弹加工空气舵，这是导弹的重要构件，犹如导弹的翅膀，直接影响着导弹的发射及飞行，由于结构复杂、厚度薄，控制形变和对称度难度极大，大家想到了曹彦生。

曹彦生说："按原来那方法，变形太大，再干就报废了。"眼看着老方法行不通，工期又催得紧，当时正值春节，曹彦生一个人在车间里待了整整 4

天 4 夜。

"装卡、刀具又增加了一个精加工的模具，改了好多东西，包括切削参数这一块也是摸索了好多。"凭着多年积累的技术储备，曹彦生加工出了新的产品，一上测试台，所有人简直都不敢相信——最后他做出来的产品，误差只有 0.02 毫米。检验员都以为打错了，没想到这么高的精度。

在一个产品加工生产过程中，面对产品对称度的超高精度要求，许多师傅试了一次又一次，都出现不同程度的超差。眼看整批次产品存在报废风险，曹彦生主动请缨，从分析超差产生的原因、材料的特点、多轴编程技术等方面入手全力攻关。为了确保加工过程万无一失，他自学了仿真软件，将先进的五轴加工技术和仿真技术结合起来。经过他的不懈努力，最终加工出来的"翅膀"对称度达到了要求。

曹彦生还练就了一项"所见即所得"的本事。一次，同事为了考验曹彦生的技能水平，半开玩笑地从一堆花生中挑出一颗，让他生产加工一个一模一样的特殊材料工艺品。曹彦生从拿着花生"相面"、建模、编程、仿真到最终加工成型，仅用了 2 个小时。

在先进制造技术领域，曹彦生首次将高速加工技术和多轴加工技术结合，发明的"高效圆弧面加工法"，为航天企业节省生产成本数千万元；他提出的多项新型加工理念，让蜂窝材料、铝基碳化硅复合材料等新材料加工瓶颈问题迎刃而解，为航天装备新材料选用提供了有力保障。

"金牌教练"培养航天工匠

作为北京市"金牌教练"，曹彦生指导的 4 名选手均在全国大赛名列前茅。"看到自己指导的选手上台领奖，比自己得奖还高兴。"在不断追踪数控加工顶尖技术的同时，他把自身积累的技能技艺无私传授给了身边的同事。

曹彦生所在的"马景来工作室"是航天科工集团众多大师工作室中的标

杆，专攻数控加工难题和高端技能人才孵化。这个 18 人的工作室，已有 7 人获得全国五一劳动奖章，11 人获全国技术能手称号，诞生了 5 位全国技能大赛冠军。带领同事的曹彦生成了大家口中的"数控达人"，但他并不满足，不断面对挑战，继续攻坚克难，享受着解决问题的过程。单位每年都要开展全员劳动竞赛，他的弟弟曹彦文 22 岁获加工中心赛项冠军，获得高级技师和全国五一劳动奖章，成为集团公司获"五一奖章"最年轻的职工。产业工人成长跑出了"新速度"，不满足的曹彦生也被单位保送北京航空航天大学攻读在职博士。

他说："每当看到我们制造的产品，就那时候自豪感怎么说，就觉得太给力了。觉得干这个事值了，真值了。"

匠心·匠言

不要迷信自己的起点高、了不起，看似简单的工作却是对自己心态和技能的全面锤炼。"钻进技术里，雕刻国之重器"，潜下心、去浮躁，刻苦钻研方能摸透工作中的规律。关注社会、行业的新技术，力争上游、积极创新，掌握先进制造技术后不断寻求改进与超越。"铺就星光道，圆梦永前行"，珍惜在校时间，为了梦想努力拼搏。每一个优秀的人背后都有一段沉默的时光，那是付出很多努力却不一定有结果的日子。只要一路走去、潜心向学，终能收获累累硕果。

（部分文章内容摘自央视新闻，肖璞　岳群　李宁　李子国　张昊　李娟　宋亮　张博）

精通数控微雕绝技的航天工匠

——记山西机电职业技术学院毕业生 常晓飞

1988 年出生的常晓飞，2008 年从山西机电职业技术学院数控 45 班毕业后进入中国航天科工集团二院 283 厂，如今是高级技师、航天工匠。2020 年 12 月，在第一届全国技能大赛上，常晓飞在直径 22 厘米的铝板上用 1800 多个直径只有 0.03 毫米的小孔勾勒出中国地图的轮廓，图案用肉眼很难发现，只有在强光的照射下透过小孔的光才能看到；在 0.15 毫米的金属棒上刻出比头发丝还细的"中华绝技"四个字，2022 年，常晓飞作为航空航天领域唯一脱颖而出的参赛者，参加全国第一届职业技能大赛，以《数控微雕》作品入选"最受欢迎的中华十大绝技"。

线条圆润的"小海豚"栩栩如生，小巧精致的"导弹车"闪闪发光……一排排形态各异的模型摆在常晓飞的工作室里，而这些令人称奇的摆件，仅仅是他和同事们闲暇时用边角料练习做出的"小玩意儿"。

常晓飞的这门"绝技"，正式名称叫"数控微雕"，这是加工航空航天精密零部件的关键技术，需要高超的数控技术水平。常晓飞参与了航天产品复杂关键零部件的制造任务，这些零件关系着航天产品重要性能指标的实现，每一件都要求绝对精确无误。

大国工匠

常晓飞

中国航天科工集团二院283厂　数控铣工、高级技师

精致入微，直抵苍穹。

用比头发丝还细的0.05毫米刻刀刀头，

在直径0.15毫米的金属丝上雕刻，

他是数控微雕的超级高手，享"中华十大绝技"之美誉。

在高标准的工作要求面前，常晓飞不断挑战数控加工的极限，查阅资料、分析材料、比对试验、改进方法……"同一个零件，我可以用不同的工艺方法加工。找到更好的工艺方法，才能做出更好的产品。"在常晓飞心中，"要把每一个零件都做到极致。"

"作为一名当代青年，我觉得我们一定要有新知识、新智慧，更要有新使命、新担当。尤其是我们航天青年，要传承老一辈人的精神，成大才、担大任，在建设航天强国的新征程中，贡献青春力量。"常晓飞说。

"人们称我为大国工匠，而要真真正正成为更高层次的大国工匠，我还有很长的路要走。"展望未来，常晓飞说，"科技进步日新月异，我要更加努力，超越自我，向技术的顶峰不断攀登。"

常晓飞在职业院校学的是数控专业，在航天科工集团第二研究院北京283厂工作后从事的是数控铣工，岗位与专业十分对口。在校期间，2008年他就曾代表山西省参加第三届全国数控技能大赛；在283厂五轴加工中心操作岗位上，更是练就一身真本领，屡获竞赛奖项及职业荣誉，成长为一名航天工匠：

2012年获北京市职业技能竞赛职工第二名，获评海淀区杰出技术能手

2014年获北京市职业技能竞赛职工组第一名

2014年获第六届全国数控技能竞赛职工组第一名

2014年获"全国技术能手"荣誉称号

2015年获评"北京市工业和信息化高级技术能手"

2015年获全国五一劳动奖章

有一次，常晓飞接到了一项新型复合材料的加工任务，不仅精度要求高，加工过程中装夹定位困难、细深小孔的加工难度也极高。在这之前他从来没有接触过这种材料，也不了解它的工艺方法，它将用于新型武器装备的关键部位，如果零件报废，将会直接导致武器试验失败，造成的损失是不可估量的。他无数次修改编程，调整刀具，变换走刀轨迹和装夹方式，成品率仍然达不到要求。那段时间压力非常大，经常给人打电话求教，打得人都烦

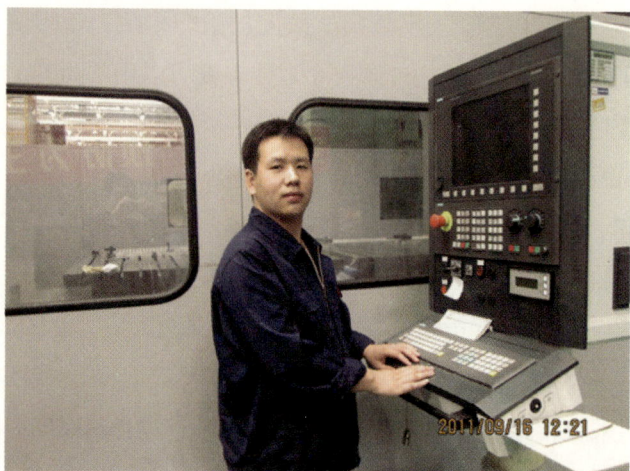

了，都不想搭理我。经过近3个月的反复试验，发现装卡方案出现细微偏差，他终于找到一种最优解决方案，将这种复合材料的加工成品率从30%提高到了80%，最终达到100%。这件事给了常晓飞以深刻的启示，在困难面前，必须有坚韧不拔、永不放弃的精神，只要不懈努力、不惧失败，就有可能创造奇迹，把不可能变成可能。

该厂从2004年就建立了职业技能竞赛制度，通过以赛带培等模式，不断拓宽职工的成长通道，近年来又成立了航天新风学院·工匠研究学院，打造技能大师工作室，不断优化职工的学习成长环境。工匠人才的成长推动着技能标准的提高，由于他所从事的工作关系着国防安全，每一个零部件都要求绝对精确无误。比如，常晓飞的数控加工技术，在一块硬币大小的金属板上，用高速旋转的极细刀头，工作一个多小时，雕刻出100个直径比头发丝还细的神奇小孔，只有通过强光，才能看到小孔所呈现的内容。他的"数控微雕"技术，更是用比头发丝还细0.05毫米的刻刀刀头，在直径0.15毫米的金属丝上刻字，这相当于用绣花针给蚂蚁腿缝合，字体内容要用高倍显微镜才能看清，目前在国内能掌握这种技能的还不多。在航天人的概念里，合格是最低标准，完美才是终极目标。

从入职那天起，"科技强军 航天报国"的企业使命就在常晓飞心里扎了根，"把每一个零件做到极致"作为责任与担当，如果哪个精度稍有超差，就有可能带来整个产品的失利，而且关系到人员安全和国家利益。为了实现航天装备性能指标，常晓飞不断加强学习，磨练技艺。掌握数控微雕技术，需要高超的数控技术水平，这项考验"眼力"和"手力"的技术，在常晓飞参加全国第一届职业技能大赛时，从近 200 个参赛作品中以 0.03 毫米的加工精度，入选"最受欢迎的中华十大绝技"。

随着技术水平的提升，他在工作中承担越来越多的急、难、险、重任务，先后参与很多国家重点项目和宇航产品的复杂关键零部件以及新型卫星零部件的制造，均圆满完成任务。

匠心·匠言

作为一名普通技工，坚持以足够的耐性、细心做好每一件细微的工作，最后成就一番大事业。工匠人才通过专业技能体现出来的工匠精神，蕴含着自主性、创造性、先进性等诸多元素，更体现了责任担当和无私奉献。在困难面前，必须有坚韧不拔、永不放弃的精神，只要不懈努力、不惧失败，就有可能创造奇迹，把不可能变成可能。切记：合格只是最低标准，完美才是终极目标。

（部分文章内容摘自人民网，崔竞文）

固体导弹"火药雕刻师"

——记航天技工学校毕业生 徐立平

2016 年 2 月 14 日，来自中国航天科技集团四院固体火箭发动机装药总装厂的技能工人徐立平，站在了被国人称为"年度精神史诗"的"感动中国"颁奖盛典领奖台上。颁奖辞评价道："每一次落刀，都能听到自己的心跳。你在火药上微雕，不能有毫发之差。你，是一介工匠，你是大国工匠。"

感动中国的背后，是徐立平在危险岗位上 35 年的默默坚守与付出。1987 年，19 岁的徐立平从航天技工学校毕业，来到了他现在所工作的整形车间，从此把全部的青春和热情都放在了驯服超高能量的"烈性炸药"上。

35 年，一万多个日日夜夜，徐立平和他的同事们就用心做着一件事——为固体火箭发动机推进剂药面进行"微整形"，以满足导弹飞行的各种复杂苛刻要求。这个岗位需要极高的精准度，而与精准相比，它的高危险性更是令人生畏。固体推进剂的特殊属性，整形就犹如抱着炸药包，一旦操作不慎，就会瞬间引起燃烧甚至爆炸，操作人员逃生的机会一丝都没有！迄今这仍是一项世界性难题，再精密的机器无法完全替代人工。

常年艰苦磨炼，他成了工厂响当当的"整形一把刀"，0.5 毫米，是发动机药面精度允许的最大误差，而他的精度绝不超过 0.2 毫米，一张纸的厚度，堪称完美。

他的匠心和精细让人赞叹，他的胆识与奉献更令人感佩。1989 年，我国东风 –15 型固体地地战术导弹发动机进入研制攻坚阶段，却连续试车失利，又一台即将试车的发动机发现药面脱粘。情况刻不容缓，为了彻查原因，专家组毅然决定，就地挖药，寻找"病根儿"。

中国航天

大
国
工
匠

徐立平

中国航天科技集团四院7416厂固体发动机药面修理工，高级技师

在火箭发动机上灌装"火药"，
是在刀尖上跳舞，却是千钧所系。
30多年来一丝不苟，
用生命中的一笔一画，雕刻出的是大国重器，
也是新时代中国的战略自信。

就地挖药，意味着要钻进已经装填好烈性推进剂的发动机燃烧室内，挖出浇注固化好的火炸药，艰难可想而知，危险更是不言而喻。没有丝毫犹豫，一支平均年龄30岁出头的突击队迅速组成。院、厂领导第一个钻进去查看情况，经验丰富的班组长打孔探明位置，车间主任当起了"首操作"……在他们的带动下，当时还不到21岁的徐立平，主动请缨加入。

狭小的空间，人半躺着，如"芯材"一般被包裹在成吨的炸药堆里，忍受着浓烈而刺鼻的气味，用木铲、铜铲小心翼翼一点一点抠挖。那一刻，所有人都清楚，他们是在与死神比肩！高度的紧张和缺氧，每人每次在里面最多只能干上十几分钟。作为最年轻的突击队员，徐立平每次进去总要多坚持几分钟，好让师傅们多缓一会儿。

就这样工作着，如同蚂蚁搬家，历时两个多月，挖出300多千克推进剂，成功找到了故障原因，重点型号研制的"拦路虎"被彻底排除！

任务结束后，徐立平的双腿疼得几乎无法行走。所幸在高强度的物理训练下逐渐恢复了过来。像这样危险的任务，徐立平自己都不记得承担过多少次了，而每一次他依然会毫不犹豫冲在最前面。

35年，徐立平依然做着刀尖上的工作，日复一日磨刀、铲药、精雕、细刻，面前这暗淡无光的火药，在徐立平的手中逐渐被赋予了生机。

在每个人的职业生涯中，可能多少都有过一些失误，或者错误。然而对于"火药雕刻师"来说，哪怕是一个小小的失误所带来的风险也是无法承受的。35年，徐立平取得了零安全事故和100%的合格率。当发射指令一次次响起，一枚枚导弹稳稳飞入苍穹，所有的付出和艰辛，都在这一刻化成辉煌夺目的尾焰，托举起中国航天的万钧重担。徐立平靠着自己的执着专注、精益求精的精神，一步一步，从工人化身为工匠；一刀一刀，刻画了属于中国火箭的夺目火焰。

"干惊天动地事，做隐姓埋名人"是一直以来外界对航天人的评价。但祖国没有忘记，曾经默默无闻的一线工人，如今被推到了"聚光灯"下，"时代楷模""感动中国""中华技能大奖"……荣誉不断叠加。徐立平说：

"航天系统里，像我这样的人很多，我还是更适合默默无闻。"他说："说大一点，干咱们这行，要有对国家奉献的精神，我们追求的是这个。"

匠心·匠言

　　高端精密的技术岗位工作，最需要严谨细致的精神，必须追求 100% 的安全性与合格率。秉持执着专注、精益求精的精神，一步一步努力奋进，终能从工人化身为工匠。越是重要的工作越低调，越是有本事的人越谦虚，技术岗位要耐得住寂寞，要有甘于藏深山、坐冷板凳的精神。

（部分文章内容摘自中国航天科普，杨斯爽）

数控车床旁的导弹"咽喉主刀师"

——记江北技工学校毕业生 阎敏

56 岁的阎敏 1985 年高中毕业后上了两年技校，1987 年 8 月江北技工学校毕业分配进入江北公司，1989 年 9 月至 1992 年 7 月自学完成了湖北航天工业学校电大机械工程类专业大专班的函授课程。现在是航天科工集团三江江北公司一车间数控车工，特级技师，为导弹"主刀"35 年，长期承担着航天型号产品关键件、新型号的首件加工任务，以高超的技能被称为导弹"咽喉主刀师"。

精密加工的车间里，阎敏正准备对一件用于新型武器的零部件进行车削。这个零件是为我国运载火箭和导弹提供能量转换的重要装置——喷管。喷管负责将火箭发动机推进剂燃烧内部喷射出的火焰转化为动力。行内人常将喷管称为火箭的"咽喉"。为了保证发动机的工作安全可靠，喷管关键部位的加工精度要求控制在 0.005 毫米。

阎敏经手的"咽喉"型号产品合格率一直高达 100%，然而他这一身真功夫，却是从磨刀开始。

为了练就精湛的磨刀技艺，阎敏付出了常人难以想象的努力。正是凭借这一把把磨制准确、精巧的刀，阎敏可以将直径 50 毫米的圆柱体精确车削到细如发丝却不折断。

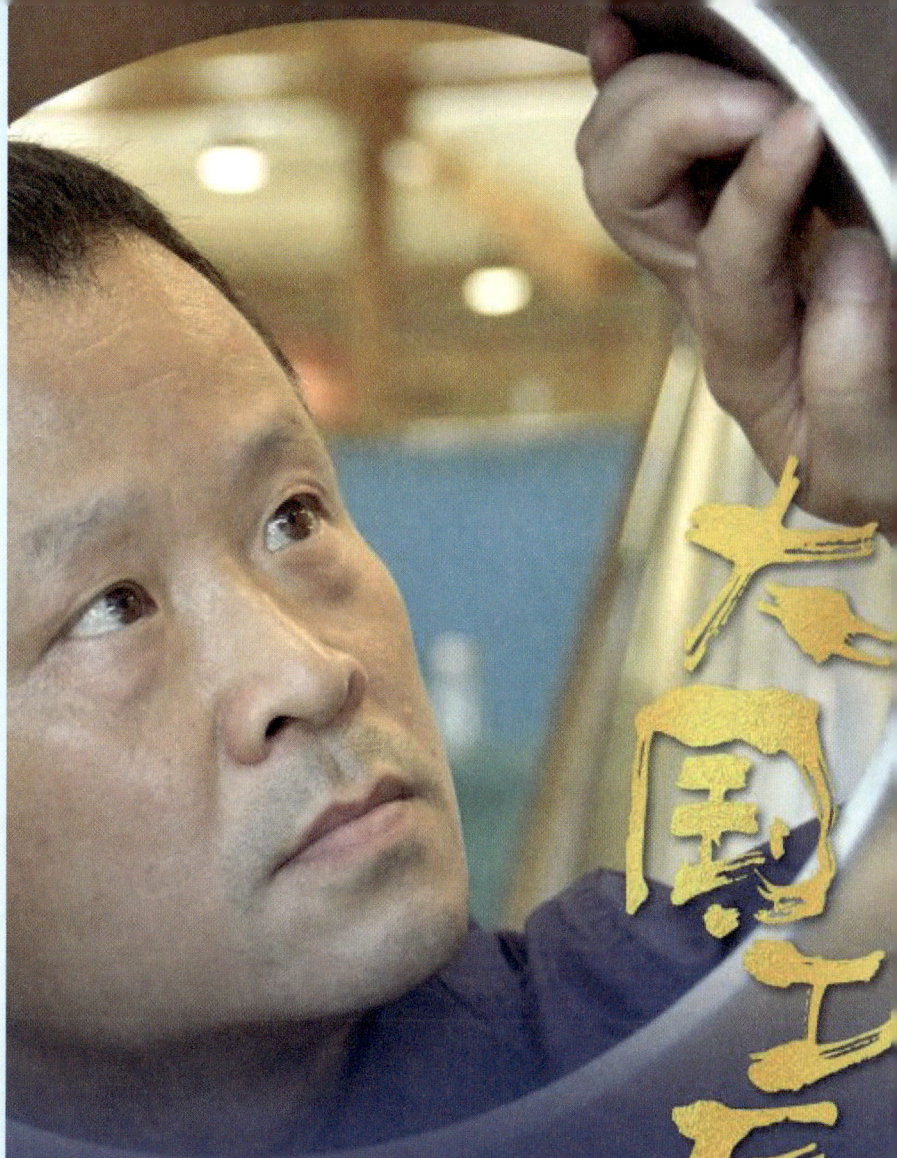

大国工匠

阎 敏

中国航天科工航天三江江北公司 数控车工、首席技师

脚步，穿梭在繁杂的车间；
指尖，拿捏着产品的精度；
身心，沉浸于技术的探索。
三尺车床，善思勤练作技术标杆；
"精、准、稳、定"向导弹"咽喉"发力。

作为第一批学习数控车床的技术工人，阎敏开发出 15 种数控操作的常用功能。凭借着"人机合一"的功底支撑，阎敏一直承担着重点型号导弹关键部位的首件产品加工重任。他总结了一套复合材料异形曲面的加工技术，突破了数控车床 0.02 毫米的精度，并且创下了 0.005 毫米的极值。

30 多年来，阎敏凭借着无可取代的精湛技术，收获了 100 多项奖项，达到了蓝领阶层技术等级的顶峰——荣获"中华技能大奖"和劳动者的最高荣誉——"全国劳动模范"。

坚守信念，走向军品加工事业顶峰

1987 年技校毕业时，阎敏并未如愿地分到江北公司军品车间。但在一次同学聚会上，他却放了一句话："我一定要去军品车间关键岗位！"掷地有声的话语，成为他不变的信念与执着的追求。

阎敏明白"车工是一个易学难精的工种"，尤其是军工型号生产的关键岗位，不仅有着更高技能要求，更是必须具备极高的职业素养与质量意识。于是，就在考上湖北航天工业学校电大机械工程专业的 1989 年，他拟定了三年修炼规划：勤于从书本中深钻、博览，不断学以致用；从成功者、模范人物身上学，尤其学习他们苦干、实干，敬业奉献精神；勤于实践中学，并将善于总结、思考、积累上升为一种工作习惯。

与其说这是阎敏三年的修炼规划，还不如说是阎敏职业生涯中一直坚守的信条。

自此，他每天高效率地完成任务后，就会专门挑选高技能及高难度零件加工的师傅为选学对象，然后乖乖地站在机床旁打下手，见到加工难度大的工序与零件，他会一直盯着，边看边问，并把加工环节和方法记录下来。如此，包括后来他加工过程中破解的系列技术难题等等，20 多年来，他坚持记了厚厚 15 本"工作日记"。

"苦行僧"似的修炼，让阎敏技术水平得以急速提升。1990 年 9 月，阎敏被点名调入军品车间。1992 年，他又被选定为专攻型号产品咽喉部位某组件的人选，后因长期承担型号某关键件首件加工重任，并破解了其系列技术加工难题，享有"型号产品咽喉主刀人"雅号。

也正是在这期间，阎敏开始走向了代表江北公司、中国航天三江集团参加各类技术比武的新起点。自 1991 年湖北省"黄鹤杯"大赛获车工第十名后，他在以后的近 10 次省、部、国家级技能大赛中屡屡获奖，被职工及媒体誉为"常胜将军"，更因技能出色，身怀细长轴、深孔和各种细纹等绝活，1996 年，阎敏入选《当代中国能工巧匠》一书。

2000 年调入新组建的数控加工中心时，面对的是从未接触过的法兰克系统数控机床。这对一个连 26 个英文字母都念不全的人无疑是一种超乎极限的挑战。24 小时"白 + 黑"地对着机床说明书、《英语词典》及专业书籍边学习、边实践、边摸索，在不到 2 个月的时间内，熟悉了设备性能、加工出了合格产品；2 年内，变成了大家褒奖的数控加工能手。

2008 年 8 月，江北公司为他专门著书《数控车工状元阎敏》，并将他的工作方法与职业操守提炼炼成了"创新精神、学习精神、实干精神"的阎敏"三种精神"。

2012 年 12 月 28 日，阎敏成功到达了他人生职业生涯的顶峰：在国家第十一届高技能人才表彰会上，他获得了"中华技能大奖"桂冠。

汗水换来了成绩，也驱动着阎敏对工作的酷爱。工作对他已不再是负担，而是充满创造性的享受。他常说，他喜欢琢磨加工前后的细节，有时甚至达到了乐不知疲的境界。

25 年来，阎敏为企业创造可直接计算经济效益达 2.29 亿元，为公司解决加工技术难题等 72 项。

高标准精加工挑战工艺设计，成就劳动者最高荣誉

阎敏过的是一种简单人生。他的追求和快乐，就是把经手的零件加工到个人的期望值：即无论精度要求多高，他都会想尽办法把零件的公差值控制在中差范围内。即令 2005 年被公司授予"质量免检岗"，他也从没有给自己享受过这种特权，反而对自己要求更严格。他对工作的这种严要求，令检验员有一种极大的安全感、快乐感。可他却说："对于军品而言，我们应该追求最好，因为每一个产品都牵系祖国的安全。"

阎敏工作上的高标准，对工艺设计也是一种挑战。2005 年 8 月，他接到一项型号加工任务，其中涉及椭圆斜面角度变量，工艺人员采用的是 CAD 自动画图、自动测角度。他则不然，非要使用计算器计算，虽然最后计算的结果证实工艺人员没有错，但他这种质疑工艺、主动优化工艺的习惯，既对工艺员是一种巨大压力，也赢得了工艺人员的敬重。

一名资深的主管工艺师曾如此评价阎敏：阎师傅是一个很谦逊的工人，工作严谨，注重预防，他看工艺不只是看本工序，还关注后工序，以及整个工艺流程是否合理。

2008 年，阎敏选择了退出充满鲜花、掌声的技能比武场，将工作的重心转移到了"传道授业"上：先后组建"阎敏党小组"攻关团队、"国家级技能大师阎敏工作室"……他因此也调到了非金属班，并出了不少成果。

他倾注大量心血提出的橡胶板减震方案、提高某零件向心力思路，薄壁件、高强度、高硬度零件加工方法的完善及工装夹具的制作改进等，其中有8 项纳入工艺文件，4 项被作为先进操作技术方法广泛推广，成为了公司的工艺创新及技术突破范例。

由他掌舵的攻关团队、"国家级技能大师阎敏工作室"，近 5 年来，参赛选手在省级以上技能大赛中，有 30 余人捧杯得奖，其中跻身全国技能竞赛前三名的 4 人，获省级技能竞赛前三名的 21 人，一改过去江北公司车工一枝独秀为车、钳、焊、铣等多工种齐头并进、各领风骚。

匠心·匠言

　　爱军尚武就想为国防的强大献出个人精力，这种信念会成为职业上升的不竭动力。勤于在书本中深钻、博览，不断学以致用；从成功者、模范人物身上学，尤其学习他们苦干、实干，敬业奉献精神；勤于在实践中学，并将善于总结、思考、积累上升为一种工作习惯。善于总结，把加工环节和方法记录下来，特别是技术难题的破解方法，记好"工作日记"，作为日后工作上攻坚克难的宝典。

（部分文章内容摘自中工网，张秋晨）

炮射导弹和电磁枪的精工巧匠

——记长治技工学校毕业生 周建民

1982 年，19 岁的周建民以长治技校钳工专业课第一名的成绩考入当时的淮海工业集团——惠丰机械厂。作为校"状元"，周建民有一个"特权"，就是可以优先选择在哪个车间工作、学习哪个工种。周建民回忆说："我想都没想就选了工模具车间，这个车间工人的技术水平是全厂公认最高的。"从此，周建民开始了兵工之路。

2022 年，周建民被全国总工会评为 2021 年"大国工匠年度人物"，这是山西省第一位获得"大国工匠"殊荣的人物，他还是山西省第一个国家级技能大师，第一位"三晋工匠"的职工，精雕细琢 40 年，破解过钳工专业的世界性难题。

精雕细琢，"万五件"无一失

先在研磨板上擦一层煤油，撒上白色金刚砂，均匀铺开直到砂粒不可见，然后再拿起一个测量块，用大拇指按住，来回研磨，最终制作成量具。这是中国兵器淮海工业集团有限公司十四分厂工具钳工、中国兵器首席技师周建民，不借助任何机器设备制作量具的过程。他仅凭眼看、耳听和手感，就能使量具达到微米级精度。

40 年来，周建民秉承着一名工匠人精益求精、精雕细琢的态度，15000 余件微米级量规没有一件出现质量事故，成为山西省荣获中国质量奖

大国工匠

周建民

中国兵器淮海工业集团有限公司十四分厂 钳工、中国兵器首席技师

一经选择，锲而不舍。
数十春秋孜孜以求，
突破极限精度，为导弹"量体裁衣"；
百尺竿头更进一步，屡创业界奇迹。

个人提名奖的第一人。

刚入厂时，他跟着师父倒班干活。师父带着一盒饭，从下午入厂一直干到第二天凌晨五六点钟，脏活、累活更是抢着干。他从师父身上汲取了力量，在干活的时候，总是不断地琢磨思考。他想："这些每天接触的零配件，一直都靠人工打磨，能不能借助机器实现更快更好的生产？这样既提高了效率，也能解放更多的人力去干别的事情。"

为了实现这个目标，周建民晚上下班回到家就仔细研读相关书籍。一张张笔记的勾画、一次次实验的积累，终于让周建民成功摸索出提高零件生产的办法——周建民专用量规高效加工检测法。

在随后的工作中，他又系统了解了车、铣、镗、磨、刨、数控等不同设备的性能和操作方法，储备了大量有关量具方面的专业知识。经过反复探索，周建民成了技术大拿，先后总结提炼出"三要诀加工法"、"冷热配合法"、"基准转换法"等工作方法，被淮海集团命名为"周建民操作法"，这在山西军工行业还是第一次。

一次，公司急需一套专用量规，经过几次数控加工，始终未达要求。无奈之下，生产调度员找到周建民。"连几百万元的高精密进口数控设备都干不了的活儿，我能行吗？"他有些犹豫，但思索再三，还是答应了。之后几天，他小心翼翼打磨着量具，手工操作对手的力度和稳定性要求很高，稍不准确就会导致量具变形报废，他沉下心来，凭借着多年练就的功夫，开始进行手工微米级的研磨。这是一个比绣花还细的工作，他必须在保证形位公差的基础上，准确把握尺寸公差一丝一毫的变化。

下班的军号吹响了，他没有听到；夜色降临了，他没有看到；送到工房的饭菜凉了，他干脆忘了。他细心研磨着，一丝一毫地向设计尺寸靠近。2天后，他精心加工出的量具一次精检合格，创造了纯手工完成几百万元进口数控设备完不成的量具的奇迹。"心无旁骛、精雕细琢、追求极致的工匠精神"在这里得到最好体现。

敬业坚守，不断破解世界级的机械制造难题

40 年来，周建民用自己特有的工匠人担当，组织带领团队破解着工厂、国家乃至世界级的机械制造难题。

2006 年，一项许多人断言不可能做成的量规制作任务落到周建民肩上。当时，没有任何资料可查阅，没有任何经验可借鉴，他只能依靠自己。他开始精心编排加工工艺，用超乎寻常的"细心"，在 1 米长的平板上，一丝一丝地调、一秒一秒地找，饿了吃一碗方便面，困了在工案上打个盹，三天三夜没有离开工房。第四天，他终于做出合格量规，将不可能变成可能。

2018 年，周建民开始了电磁枪的加工制造。这又是一次高技能"大考"。面对 2 米多长的枪体，他寻遍了国内深孔加工有经验的厂家，可都达不到要求。别人靠不上，就只能依靠自己。有人劝他："你各种荣誉都有了，过几年就该退休了，还难为自己干什么？"他义无反顾地投入其中。

创新、失败、再创新……近一年里，周建民和他的团队几乎寝食难安。几个月下来，周建民瘦了六七斤，头发也稀疏了很多，但他说："如果用瘦下来的体重和掉落的头发换来一个好的加工方法，那就太值了。"功夫不负有心人，他们终于解决了"枪体超深孔加工"这一世界性难题，为强我国防献上技能工人的一份力量。

无私奉献　道技合一

平凡岗位上能够坚持 40 年，周建民用实际行动诠释了一名兵工匠人勇于担当、无私奉献的精神内涵。他常说："离开奉献精神，我们什么都干不成，什么都干不好。"靠着坚守基因，一切为了前线；坚守技能，一切为了实战；坚守创新，一切为了打赢，他在钳工岗位上坚持下来，成为技能

大师。

2016 年 5 月底，周建民在广州举办的"中央企业高技能人才培训班"上登台授课时说："今天是我第一次来到广州。其实，上世纪 90 年代，我就该来了。"那个时候，工厂不景气，他们分厂每月仅发 200 元生活费。当时一些有一技之长的工友到南方打工，管吃管住每个月收入 800—1000 元，有人劝他来，他拒绝了。之后，广州的一些单位用优厚的待遇挖他，甚至开出"在企业挂个名，有空过去指导一下"的条件，他还是拒绝了。他说："不论淮海是穷是富，我的根在山西，在中国兵器。我在那里有更艰巨的任务。"

工作家庭不能兼顾，他在生活上律己甚严。作为一名高级工人技师，他做出了万余项高质量工具工装。家里的简单维修，他却无暇顾及：开水壶把断了，用铁丝绑一绑接着用；菜刀把掉了，老婆只能握着刀身切菜。直到快过年时，老婆埋怨无法剁饺子馅，他才把刀把装上。他不是不会修，只是心不在这里。

40 年来，他共完成了 15000 余项专用量规生产制造任务，进行小改革、工艺创新项目 1100 余项，累计为公司创造价值 3300 余万元，获得实用新型专利 12 项，发表论文 11 篇。他发展了几代兵工人在专用量规制造中的工作经验，归纳总结出"三要诀加工法""冷热配合法""基准转换法"等绝技、绝活；总结提炼出"周建民操作法"，这是我省国防系统内首个以职工个人名字命名的操作法；荣获中国兵器集团公司创新竞赛"一等奖"；2011 年被国家人力资源和社会保障部授予全国首批 50 个、我省第一个国家级技能大师工作室——"周建民技能大师工作室"。

在自己取得成绩外，他还有一个梦想：培养更多技能人才，助力制造大国走向制造强国。多年来，他以岗位、班组、工作室、学校等作为"传、帮、带"工作平台，先后走进山西省十几所职业技工学校，传授技能、党的理论精神及工匠文化 1 万余人次。在 4 所职业学校建立了"周建民技能大师工作室辅导站"，指导培训职工 3500 余名，培养出包括高级技师、技能带头人、工程师、全国技术能手、三晋技术能手等在内的 20 余名高技能徒弟，被国家人社部授予"技能人才培育突出贡献个人"。

40 年来，他执着专注、精益求精、一丝不苟、追求卓越，以一位兵工匠人坚定的理想信念、不懈的奋斗精神、精湛的操作技能，为我国主战坦克（炮射导弹）、战机、舰艇等平台上所使用的先进武器装备的交验成功贡献自己的力量，在精艺、强军、做人、育人方面实现了道技合一。

匠心·匠言

精诚坚守，专注一门技能，既修品德又练技能，追求道技合一的境界。一丝不苟、精益求精，在熟能生巧的基础上，凭高度的责任心打造万无一失的精度。

（部分文章内容摘自网易新闻，乔静涛）

攻破航空发动机叶片滚轮精密磨削技术关的工程师

——记黎明技术学校毕业生 洪家光

航空发动机被称为工业皇冠上的明珠，叶片滚轮精密磨削技术，长期被西方垄断。带领团队攻克这一尖端技术的洪家光，并不是院士或博士，而是原沈阳飞机制造公司下属培养发动机制造人才的黎明技校一名毕业生。凭着对梦想的坚持，对工匠精神的执着追求，作为中国航发黎明工装制造厂数控车工、特级技师，现已成为中航工业的首席技能专家、全国劳动模范，取得了专利并获国家科技奖，享受国务院特殊津贴。

公交看书，拜师学艺

1979 年，洪家光出生在沈阳市一个贫困农家。为减轻家庭负担，他放弃高考进入黎明技术学校学习。从家到技校，坐公交车需要 2 个多小时，车上其他人在这段车程中随着车子的摇晃而睡着了，而洪家光却珍惜这段时间、用来看书。3 年的时间，他光在公交车上就学习了 4 本技术方面的书籍。通过潜心钻研，孜孜不倦地学习，立志做一名知识型、创新型、技术全面的

大国工匠

洪家光

中国航发沈阳黎明航空发动机有限责任公司工装制造厂 工程师

微米不差，是技术，也是态度；
方寸车床，有血汗，也有硕果。
他用匠心为中国战机锻造澎湃"心脏"，
数十载苦练钻研，摘得现代工业"皇冠上的明珠"。

产业工人，在校期间技能知识不断提升。1998 年，他以第一名的毕业成绩被分配到沈阳黎明航空发动机有限责任公司，成为工装制造厂的一名技工，主要工作是研制用于加工各种零件的工装工具。

为了快速提高自己的技术，洪家光想到去拜厂里的全国劳模孟宪新为师，学习他的"高速切削内螺纹"技术。但问题是孟师傅与洪家光不在一个车间，于是，洪家光每天干完自己车间的工作后，就立刻跑到孟师傅的车间，给孟师傅当助手，加班加点工作学习。当年其他工人一年干 4000 个工时，而他一年干 7000 多个工时，比别人多投入近一倍的时间。有时候，厂里的生产任务重了，洪家光就索性把行李带到厂里，一待就是一个多月。超常的努力，使他在几个月里熟练掌握了师父的车刀磨削技术。

洪家光聪明好学，还喜欢动脑思考，不但从孟师傅那里学到了本领，还将师父教授的车刀磨削技术中融合自己的想法，写成了 10 万字的心得体会，运用到工作实践中，这又使他的技术再上一个台阶。之后又将个人学历提升到专科，并保持了爱动脑的好习惯，使技术水平节节提升。

主动请缨，仅用 10 天实现重大技术突破

2002 年春节前，公司下达了一项紧急任务——加工某重点型号航空发动机核心叶片（修正工具）。这道工序加工精度要求极高，所有尺寸公差都得控制在 0.003 毫米以内，相当于头发丝直径的 1/20。加工这种叶片（修正工具）必须用到金刚石滚轮技术，公司只有一位师傅掌握该技术，可当时恰巧生病住院。关键时刻，洪家光凭着"初生牛犊不怕虎"的劲头，请缨挑起重担。

洪家光本以为自己能很快地完成，然而难度却超出了他的预想，他加工出来的零件没有一个尺寸符合要求。洪家光与团队成员仔细研究叶片的结构特点，找资料、请专家、做实验，每天连续工作 14 小时，一遍遍地实践，

不断地调整磨削方式，饿了就吃两块饼干。就这样仅用了 10 天时间，就攻克了难题，初步掌握了金刚石滚轮技术，加工出了精度符合要求的叶片。厂里的老师傅们说，如果换其他人，掌握这项技术至少需要几年的时间，洪家光这小伙真是好样的。这次任务的完成，让洪家光更坚定了走技术攻坚道路的信心和决心。

攻克航空发动机叶片磨削专用高精度金刚石滚轮制造技术，取得西方的不传之秘

从实践中，洪家光认识到金刚石滚轮技术是决定飞机发动机叶片加工精度的关键技术，而这项技术始终被西方垄断。为提高我国航空发动机制造水平，洪家光与团队投入到这一技术的攻关中，经过 5 年的不懈努力，做了1500 多次试验，终于取得成功，使航空发动机叶片加工质量、合格率得到

提升。凭借这一成果,洪家光获得 2017 年度国家科学技术进步二等奖。一个技校出身的一线车工,与众多院士、教授站在了同一领奖台上。

此后,洪家光参与了国家多项航空发动机重点科研项目,取得 7 项发明和实用新型专利,成立了以他名字命名的"洪家光技能大师工作室",现已带领团队完成了 35 个创新项目和 53 个攻关项目的研发工作,完成了弯管工具等 200 多项技术革新,解决了 340 多个难题,并编写了《航空发动机典型零件的加工方法》技能操作书。获得全国劳动模范、第七届"振兴杯"全国职业技能大赛第一名、全国技术能手、全国五一劳动奖章、全国最美职工、中国青年五四奖章、中华技能大奖等荣誉。

匠心·匠言

刻苦学艺,要有坐公车啃书本的精神。奋起攻关,要有不为国家打破垄断不罢休的志气。职业教育是起点而不是终点。考学历应以提升自己为目的,更高层次的学历要匹配更高的理论知识和专业能力,提升学历一定要确保学到更多的东西。

（部分文章内容摘自华声在线）

从"文墨精度"到"大国工匠"

——记沈飞高级技工学校毕业生 方文墨

18 岁参加工作，19 岁获得沈阳飞机工业（集团）有限公司（以下简称"沈飞"）青年组第一名，24、25、26 岁分别获得沈阳市、辽宁省、全国技术大比武本专业的冠军，28 岁荣获"全国五一劳动奖章"，29 岁成为航空工业最年轻的首席技术专家，34 岁获得国务院特殊津贴……方文墨演绎了从一名职业技术学校普通毕业生成长为国家级顶尖人才的成长奋斗经历，诠释了钳工对国之重器的重要意义，示范了如何通过高超锉削技能实现"真空吸附"。尤其最让一名技工自豪的是，他创立了以自己名字命名的"0.003 毫米加工公差"的"文墨精度"，多次被中央电视台"新闻联播"、"大国工匠"纪录片等央媒宣传报道。

1984 年生的方文墨，现为航空工业"老大哥"沈飞标准件中心钳工、高级技师、方文墨班班长，航空工业首席技能专家。曾荣获全国五一劳动奖章、中国青年五四奖章、全国技术能手、辽宁省和沈阳市特等劳动模范等多项全国和省、市荣誉称号。25 岁成为沈飞公司历史上最年轻的高级技师，26 岁荣获振兴杯全国青年职业技能大赛机修钳工冠军，29 岁获评航空工业集团最年轻的首席技能专家。他还是国家级方文墨技能大师工作室领衔人，为

大国工匠

方文墨

航空工业沈阳飞机工业（集团）有限公司 钳工、高级技师

比教科书标准更高，比数控机床精度更准。
创造的手工锉削"文墨精度"，名震装备制造业，
助力我国航空工业奋起，领跑全球。

此享受国务院特殊津贴。

在方文墨"开挂"人生的背后，是他夜以继日的苦练——

一把小锤"敲打"终身

在方文墨的手提包里，常常装着一把精致的小铁锤。这把小铁锤一头尖锐、一头方圆，是多种几何体的复合体；锤柄侧弯，一边有适应手指的起伏，握起来十分舒适。这把铁锤从锤身到锤柄，都是方文墨纯手工制成的。虽不内行，但记者也能看出这把小锤的精巧。方文墨说这把小锤对他意义非常。

他生于沈阳市一个普通的技术工人家庭，从小就把同院的尉凤英奶奶作为自己的偶像。""大人们说尉奶奶是'毛主席的好工人'，有那么多人尊重她、爱戴他，从小我就想长大后也要成为像她一样的'好工人'。"因为小时候节假日经常陪父母在工厂加班，机床和工具对于他有一种不可言表的亲切感。年满15岁初中毕业时，他并没有像大部分同龄人那样选择读高中，而是以相当出色的成绩考取了沈飞高级技工学校。

入学半个月后，钳工老师给每位学员发了一块毛坯料，让大家动手做一把铁锤。出生于技工家庭的方文墨，知道这件事儿并不简单，"对于学员来说，要手工把毛坯料改成铁锤的形状，手掌不打几个大血泡、不脱两层皮根本不可能。"学员方文墨耍了个小聪明，他央求在工厂里的叔叔给自己做这个作业。

当方文墨把作业交给老师，换来的却是一句："直接扔进垃圾桶。"老师对方文墨说，"这铁锤至少是有15年钳工经验的老师傅做出来的。孩子，你才15岁，未来还有很长的时间要工作。你必须要想好，以后是这样糊弄上级、糊弄自己，还是踏踏实实把技术学到手？"

那一夜，方文墨没有睡。他想起了自己的理想是成为一名"好工人""造飞机"。而后的三年，方文墨除了上学就是练习。"一直到现在，除了工作和学习，我也没有其他的娱乐活动。"方文墨以班级第一的成绩从学校毕业，走上了工作岗位。20年过去了，方文墨不知道又做了多少把小锤，而他心中的那把小锤却时刻"敲打"着他，"不要忘记自己的理想。"

刃发于硎　常砺则利

一心想要造飞机的方文墨，阴差阳错被分配到集团下属的烟草机械厂。他满心懊恼，没有逃过自己师父的眼睛。师父说："只要你愿意，在哪儿都能练就好技术，练好了技术，以后的机会还多着呢。"

一段时间后，方文墨的勤学苦练打动了师父，"我把我毕生所学都交给你，你大胆去做。"师父的鼓励，让方文墨更加精心于"创作"零件，一年半后，就可以做出"漂亮的活儿"了。

这时，师父再次告诉他，不能止步于眼前，要把眼光放到更远的地方，

全省、全国甚至全球。

"我要做全国最好的钳工。"一天全家人吃晚饭的时候,方文墨告诉爸妈。同样是技术工人的父母知道这条路有多难,但他们没有打击方文墨,而是为他买来价格不菲的电脑,500多元的进口钢锉一买就是几十把。

电脑制图加手工操作,方文墨一面练习技能,一面完成了高等教育自学考试。其间吃了多少苦,爸妈都看在眼里,他们将家庭全部的积蓄用来支撑孩子的梦想。

功夫不负有心人。从20岁开始,方文墨开始在钳工圈里崭露头角;但也是从20岁开始,方文墨遇到技术提升的第一次瓶颈。

方文墨说,钳工是当下在所有工业生产中仍然需要手工实现的工种,它的基本功包括:锉、锯、钻、铆、钣、修、研、配……而他自己最为精通的就是锉。那时候,方文墨已经极尽可能地在锉的精度上实现最优。而就在这个时间段,他得知国内外还有能够实现更高精度的高手,而他却无论如何也难以提升了。

他当时想,尽管自己的技术水平在全厂已拔得头筹,但怎么能达到国际水准呢?接下来,又是夜以继日地苦练。三年后,方文墨终于突破了自己的极限,锉工精度持续提升,他也接二连三地获得了各种大比武的冠军。2013年,方文墨终于如愿以偿被调入沈飞核心部门,并成立了以他名字命名的"方文墨班";而以他名字命名的"文墨精度"远远超越了机器所能达到的精度,成了钳工领域无数追梦青年的标杆。

"好的工具都是自己改进和创造的。"而今,随着工具、量具的不断改进,"文墨精度"还在以超乎想象的数值刷新着人们的认知。

追求无极限的"文墨精度"

0.00068毫米的加工公差意味着什么?这相当于人头发丝直径的

一百二十五分之一，连数控机床都难以实现。这比教科书上人的手工锉削极限还要高的精度，就出身 80 后首席技能专家方文墨的双手。

一把锉刀、一方小小的操作台，是方文墨不断刷新我国国产航空器零部件加工所能达到极限精度的"魔杖"和舞台。航空航天制造由于材料复杂、部件太多、精度要求极高，很多环节仍以人工加工为主。方文墨所从事的钳工，正是目前机械加工领域当中为数不多还人工加工的一种。

身高 1.88 米的方文墨，平时在 1.2 米高的操作台工作时，常常是"前腿微弓、后腿绷，双手握锉、身前倾"，每天重复运动八千余次。"开始很多人说我不适合干这行，但我既然选择了，就一定要做到最好。"他说。

航空人常说一句话，"空中没有停车场，试飞没有后悔药"。方文墨说："就像弹钢琴、投篮球一样，我们钳工的基本功全靠枯燥而又单调的反复练习，直至形成肌肉记忆。"

从一名技校生到我国航空工业首席技能专家；从全国五一劳动奖章、中国青年五四奖章获得者，到全国技术能手；从 0.003 毫米到如今的 0.00068 毫米……工作 10 多年的方文墨用一双大手，不断挑战着打磨精度的边界，更不断挑战着自己。

助力中国航母舰载机跨海冲天

文墨精度的由来与方文墨的工作是为歼 15 舰载机加工高精度零件有关，航母搭载战机的加工精度挑战着世界级水平。

在工业化时代，尽管大多数零件已可自动化生产，但是有的战机零件因为数量少、加工精度高、难度大，还是需要手工打磨。所以精湛的锉磨手艺还是钳工的必备功夫。教科书上，手工锉削精度极限是千分之十毫米。而方文墨加工的精度达到了千分之三毫米，相当于头发丝直径的二十五分之一，这是数控机床都很难达到的精度。中航工业将这一精度命名为——"文墨精度"。

歼 15 舰载机一些高精度的细小零件加工尤为烦琐。一个看起来并不起眼的电缆铜接头，需要打出一个 1.4 毫米的小孔，但加工时产生的铜屑总有飞溅残留的概率，这就可能引发电路短路，甚至导致机毁人亡。如何消除铜屑残留，成了关系工作成败的大事。方文墨反复研究后发现，徒弟们的加工方法没错，出现铜屑残留是模具的设计和工艺存在问题。他一遍遍琢磨，对铜接头的工艺流程和生产模具进行深度改进，不仅解决了铜屑残留的麻烦，工作效率也提高了四倍。几天之后，文墨班组按时按量交出了百分之百合格的铜接头零件。

方文墨整个工作历程都是在不间断、不懈怠的自我超越中走过的。参加工作以来，方文墨改进工艺方法 60 多项，自制新型工具 100 多件，整理了 20 多万字的钳工技术资料。这是方文墨自身技术进步的最佳实证，是人生境界的扎实跨进。

今天，歼 15 舰载机上，有近 70% 的标准件是方文墨所在的工厂生产的，那些担当大任的小零件，是方文墨和工友们的智慧与汗水的结晶。

大国工匠　当为名师

拥有 18 项技术专利的方文墨，目前致力于新材料多学科在加工制造技术方面大的综合应用。当问起方文墨当下最关心的事情，他说希望能为国家培养出更多专业技术人才，能够激励更多的年轻人走上逐梦青春、为国奋斗的道路。

方文墨在辽宁省两会期间提交的提案中建议：大力宣传和弘扬工匠精神，结合职业教育，建立工匠课堂，开启"工匠＋职教"模式；结合劳模创新工作室和技能大师工作室，开展技术攻关、技术创新、传帮带和新型学徒制，开启"工匠＋工作室"模式；结合新技术、新设备、新工艺、新方法，

将工匠的手工技艺、绝活融入自动化、智能化，建立工匠标准，推动中国制造向高精高效高质量阶段迈进，开启"工匠＋智能＋标准"模式。他要做的，是要让更多的年轻人掌握精深的技术、获得向上的力量。

在工业生产中，多一分精细就能够使得零部件在耐磨性、抗腐蚀性、抗疲劳性等方面得到不同程度的提升。"在我的徒弟中，现在已经有3人在专业技术方面是全国冠军、7人是辽宁省冠军、12人是沈阳市冠军。"方文墨说，"现在沈飞为我成立的'方文墨工作室'向全集团的年轻技工开放，我将所有技能毫无保留地传授给他们，平均一年多，他们就能够实现高精度的生产。这些年轻人才是大国工匠未来的希望。"

匠心·匠言

心在一艺，其艺必工；心在一职，其职必举。只要去除浮躁，静下心来，肯吃苦，多练习，人人都能创造职业上的奇迹。师徒制在现代制造业的技能传承中仍然具有不可替代的作用，年轻员工只要虚心求教，必有惊人收获。

（部分文章内容摘自沈阳航空航天大学官网）

战机身躯打造师

——记西飞技术学院毕业生 李世峰

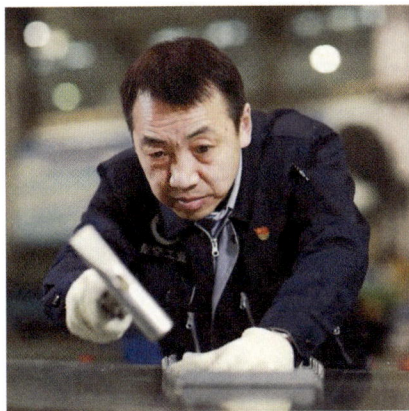

1987 年，李世峰 18 岁时毕业于隶属于西安飞机工业（集团）有限责任公司的航空工业重点技工学校——原西飞技校、现西飞技术学院，加入西飞，当了一名钣金工。至于为什么没有选择那些所谓体面工作，他认为："我的工作就是要把飞机构件上不平的地方敲平，因为如果有间隙机身就会不密封，有可能就从那个部位撕裂。在空中撕裂飞机蒙皮就像我们撕一张纸那么容易，会造成非常严重的后果。"过去，歼轰七 A、轰六 K 等多型国产战机机身 40% 到 70% 的零件出自他手，一把榔头，为新型国产战机打造身躯——其实手工打造精密的尖端设备零件为世界通行的操作方式，因机身零件形状特殊，且很多都是独一无二的定制款，只有用手拿榔头才能操作得更得心应手。如今，李世峰已成大国工匠，任中航西飞钣金构件厂高级技师。

与航空军工事业结缘

李世峰的家庭与军工、航空有着不可分割的联系。他出生在中国航空城

大国工匠

李世峰

中航西安飞机工业集团股份有限公司飞机钣金工 高级技师

把岗位当成舞台，将技术练成艺术。
一双伤痕累累的手，一把运用自如的锤子，
他用坚守，"锤"炼出了大国"利剑"

阎良，父母是 1958 年从航空工业沈飞到阎良援建的航空"一代"。天空中不时呼啸而过的飞机，父亲身上熟悉却不太好闻的机油味道，时常挂在嘴边的那一句"为飞机生、为飞机死"，是李世峰刻在骨子里的记忆。

接过父母手中的交接棒，李世峰实现自己梦想，成为无数坚守在航空一线的钣金工。这份工作不仅使他与军用航空结缘，也结识了后来成为妻子的王波，两人以蓝天为媒，比翼"西飞"，筑成了航空"二代"之巢。

学遍老、中、青师傅的技术

入职西飞后，李世峰一头扎进技术难度极大的飞机钣金加工领域，在他眼里这是一个可以学到真技术的岗位。那个年代，进技术岗并不是不体面的事，走上岗位却没学会技术才是丢脸的事！

钣金加工，每个人都有自己独特的方法，技术的学习更是讲究"师父领进门修行靠个人"。初入钣金车间的李世峰有半年的学徒期，可他才刚跟随师父学习了两个月，师父便因病长期休息，都还没有"进门"的李世峰一时间成了"无头苍蝇"。对无法学到技术无比焦虑的李世峰，在家休息了一个星期就再也坐不住了。他主动拜访厂里仅剩的两位老师傅，提出不收分文报酬，免费给他们打工的请求，终于重新有了学习的方向。

那段时间，每天早上六七点，李世峰就来到厂房，打好茶水，等着老师傅来到厂房开始一天的工作，干的全是又脏又累的活。可他不敢有丝毫的懈怠，不分白天晚上地干，不懂就问，不会就学。白天，别人在闲聊的时候，他在帮师傅干活，边干边琢磨，边干边体会。晚上，别人在休息的时候，他在学习。哪怕一天的工作结束，他还要坚持总结当天学到的东西。

就这样，李世峰把整个工段老、中、青师傅的技术学了一个遍。

在他的认知中，自己并不算一个聪明的人，他始终坚信，下苦功是提升

钣金加工技艺的唯一道路。边学、边总结，一面巩固已知技能，一面提升技能、探索未知的精艺境界。经过反复梳理，反复思考，反复实践，李世峰成了车间加工手法最独特的那一位，在近千次的敲修任务中，他手中的锤子落点轻柔而准确，修正表面平滑如初。

千锤百炼造就航空钣金一行的"李大师"

李世峰所在的车间里，一张张金属板和叮叮当当的敲击声，让人很难把它和驰骋蓝天的战鹰联系在一起，但是军机的大部分零件，都是在这里生产的。

李世峰这双为战机打造身躯的手，仅靠榔头、锤子就能决定一架战机机身 70% 零部件的打造精度。由于常年紧握锤柄，击打时所带来的反震力给虎口留下了道道伤痕，随着时间的流逝又与手掌原本的纹路模糊在一起，只有当握住这双手，才能发现从指尖到掌心，手掌的每一寸肌肤，那深深浅浅的伤痕分外清晰。左手无名指那道能将指头分割两半的伤痕是最深的。

这双手的主人说："在无数坚守在航空工业一线的工人群体中，这是一双普通的手，干钣金这一行哪有不受伤的。"

千锤百炼造就了李世峰炉火纯青的钣金技术，对飞机零件打造也有了独门的思路和方法。

在一项波音737-700垂尾关键零件的修正中，他一反常规操作，主动采用先滚弧度，自制切面样板，循序渐进地将弧度成形出来，圆满地完成了该项零件的加工任务，将"中国制造"牢牢铭刻在美国的波音飞机上。

比起波音公司外方检验人员的高度赞誉，更让李世峰终生难忘的是在"9·3"胜利日阅兵中，当参阅飞机飞过天安门城楼时的那份喜悦与自豪，因为有 5 型战机上面装有他亲手制造的机身零件。

精湛的技艺赢得了公司员工们由衷的敬仰，大家习惯叫他"李大师"，而李世峰从内里推却这个称号。在他看来，自己还够不上什么大师，只是做好国家赋予的使命和公司交办的任务，如果哪一天真的接受了这个称号，那一定会开始走下坡路。

精诚敬业　培养传人

双手敲打出几百架战机，双肩担起大国航空梦，是当之无愧的大国工匠。

代价既触目在手，也显而易"闻"——车间中各类重型机械产生的巨大轰鸣声充斥耳鼓，锤头与飞机零部件触碰时爆发的尖锐噪音直钻耳道，牵连着头部神经诱发阵阵疼痛。数十年如一日地置身于长期嘈杂的环境，李世峰的双耳早已受到了不可逆的损伤。

哪怕高强度的工作损伤身体，他也从未怀疑过自己的选择，"能投身航空建设，在我看来是一件无比光荣的事情。我从没想过退休，因为这份工作已经成了习惯，我没有办法闲下来。"

进入暮年的李世峰，作为航空工业首批首席技能专家、全国技术能手、陕西省首席技师，集团公司"敬业好员工"、陕西省"五一劳动奖章"获得者、"陕西省劳动模范"、第一批高技能人才享受国务院特殊津贴，依托"李世峰技能大师工作室"和"劳模创新工作室"等平台，积极开展技能传授、技术创新工作，以身作则感染了一批又一批航空青年，培养了十余名青年技能能手，让航空三代的"家风"得到更宽广、更绵长的传承。

匠心·匠言

劳动最光荣，技术最重要，进技术岗上班并不是什么不体面的事，走上工作岗位却没有学会技术才是丢脸的事。平凡岗位上的人大多不会自认为很聪明，下苦功是提升技艺的唯一道路。没有自夸的聪明人，也没有自封的大师。踏踏实实学好技术，勤奋敬业做出成绩，他人的赞许和各种荣誉自然会到来。

（部分文章内容摘自中国青年网）

托起大飞机的"航空手艺人"

——记上海飞机制造厂技校毕业生 胡双钱

胡双钱，1960 年生，中国商飞上海飞机制造有限公司高级技师，现任数控机加车间钳工组组长，被人称为航空"手艺人"。胡双钱工作至今生产了数十万个飞机零件，从未出现任何差错，连续 13 年被厂里评为"质量信得过岗位"，享受到产品免检的待遇。在中国民用航空工业生产一线，很少有人能比他更有发言权。

胡双钱从小就对各种机械格外着迷，还在中学时自己买来元器件组装了一个耳机式收音机。在"能动的机械"里，他最痴迷的就属飞机。1978 年，高中毕业时，在报考技校或中专之间面临选择——是当工人，还是当干部？在那个技术光荣、工人伟大的年代，为了工人的职业荣誉，也为了心中的飞机梦，他没有过多犹豫，报考了技校，被上海飞机制造厂技校录取。1980 年毕业后，进入当时的上海飞机制造厂，还在实习期的胡双钱曾亲眼见证了我国自主研制的大飞机"运 10"成功首飞。

当年的"运 10"总装任务落在上海飞机制造厂。由于基本功扎实、动作标准，胡双钱还是技校学生的时候，就被老师选中，参与到"运 10"的模具生产中，这也让他接触到当时很多先进技术和方法。

但等他技校毕业进入上海飞机制造厂，伴随"运 10"项目终止，厂子

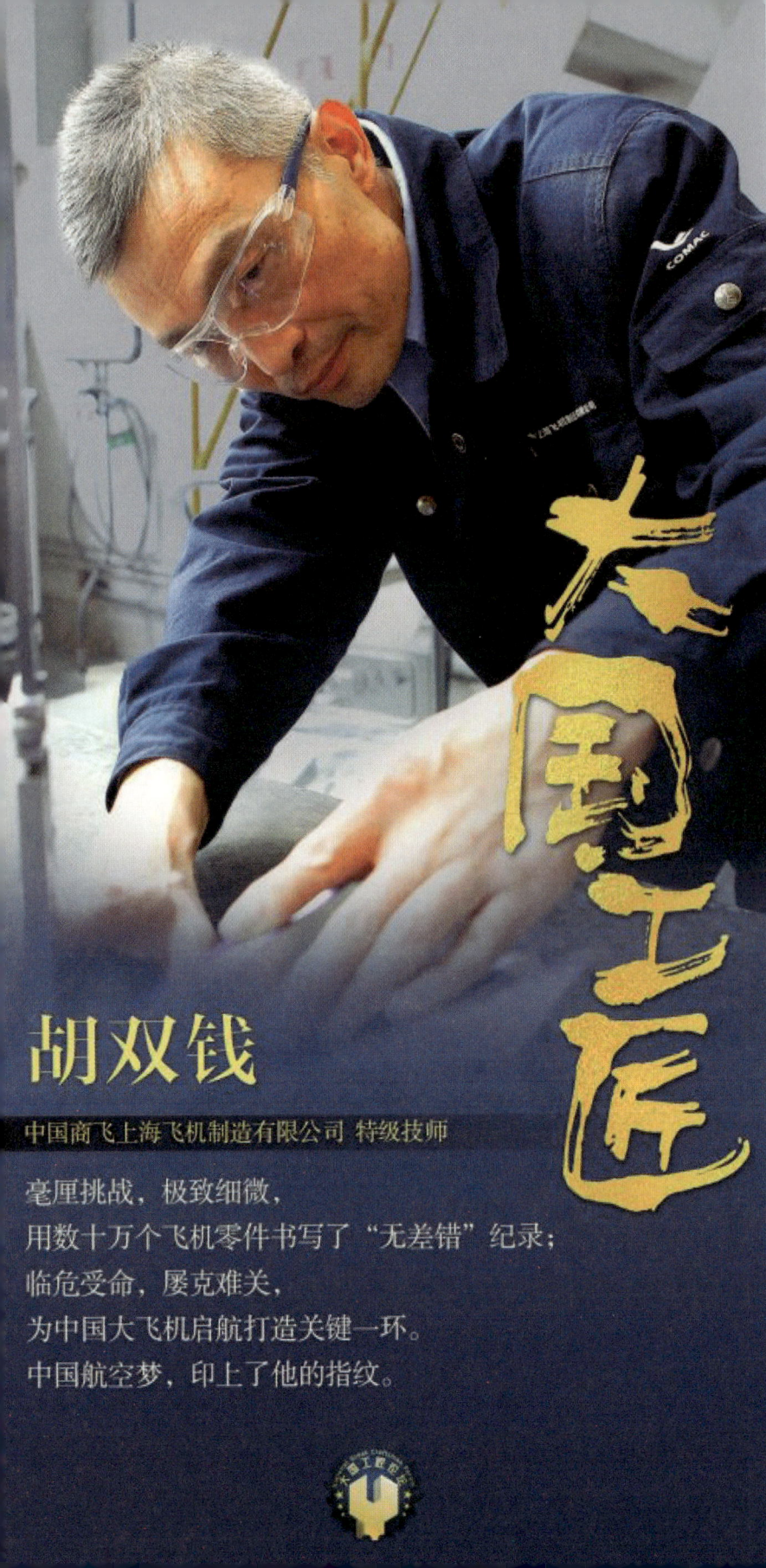

大国工匠

胡双钱

中国商飞上海飞机制造有限公司 特级技师

毫厘挑战，极致细微，
用数十万个飞机零件书写了"无差错"纪录；
临危受命，屡克难关，
为中国大飞机启航打造关键一环。
中国航空梦，印上了他的指纹。

失去主营业务并陷入长达十多年的低谷。还未来得及大展身手的胡双钱只能将心中的大飞机梦深藏，在时光的积淀中不断淬炼自己的技术。

跟着老师傅修理军用飞机时，没有图纸，就拿着笔和本蹲在现场画出零件拆卸前后的样子，以便修完后再原样装回去。他记得，"每次修理完，都要填好记录单，一旦出了问题是要追责的，可不得了。"

"学技术是其次，学做人是首位，干活要凭良心。"有位老师傅曾这样告诉胡双钱。他明白，飞机的每一个零件、每一道工序都人命关天，容不得一丝马虎。从此，他将这句话记了一辈子。

当时，原本聚集了中国航空制造精英的上海飞机制造厂突然冷了下来，厂门口停满了上海市各大企业招聘技术能手的汽车，一家私营企业老板给当时已是车间技术能手的胡双钱开出了三倍的工资，为了有机会造中国自己的飞机，他拒绝了高薪诱惑。

那个时期，只要逮着机会，向师傅们请教机械图纸绘制、工序编制、公差配合等经验；下班后拿废旧零件做练习、反复琢磨……这些成了胡双钱迅速提升技能水平的法宝。不到30岁，他已经由当年同事口中的"小阿弟"，成长为被人尊重的"师傅"了。

不久，厂里为求生存，转向民用品生产：绞肉机、气垫船、大客车座椅……后来又先后与美国麦道公司合作生产MD82、MD90飞机，从波音公司转包生产波音737飞机等。这一时期，很多一线工人纷纷离开。很多企业向胡双钱抛来橄榄枝，他却说："我坚信，这个厂不会倒，总有一天我们是要造自己的大飞机的。"

在与外国公司的合作生产中，胡双钱如饥似渴地学习外国先进的质量管理方法和制造技术，提高自己的质量控制能力和技术水平。从1996年起，他所在的岗位连续12年被评为"质量信得过岗位"。2002年，他荣获上海最高的质量奖项——"上海市质量金奖"，是十名获奖者中唯一的一线工人。

在胡双钱工作的车间，目前还生产着波音和空客的零件，但胡双钱始终觉得，生产外国人的飞机零件，就像是个机器人；只有制造中国人自己的飞机，才能发挥自己的特长，做技术的创新，这种感情和造外国人的飞机是完全不一样的。

2006年，中国国产大飞机C919立项，不断砥砺技艺，始终保持着加工零件零差错、零瑕疵的胡双钱，终于等来了自己期盼多年的大飞机研制任务。得知国家决策的那一刻，胡双钱的眼睛湿润了，这任务也让他忙了起来。不仅要做各种各样形状各异的零件，有时还要临时救急。有一次，急需一个特殊零件，从原厂调配需要几天的时间。为了不耽误工期，只能用钛合金毛坯来现场临时加工，这个任务交给了胡双钱。

胡双钱回忆："一个零件要100多万，关键它是精锻锻出来的，所以成本相当高。因为有36个孔，大小不一样，孔的精度要求是0.24毫米。"0.24毫米，相当于人头发丝的直径，这个本来要靠细致编程的数控车床来完成的零部件，在当时却只能依靠老胡的一双手，和一台传统的铣钻床，连图纸都没有。打完这36个孔，胡双钱用了一个多小时。当这场金属雕花结束之后，零件一次性通过检验，送去安装。

2017 年 5 月 5 日，C919 在上海浦东机场成功完成首飞。"很自豪，我当时眼眶也湿润了。"胡双钱回忆说。当谈及"工匠精神"，胡双钱认为，所谓工匠精神就是工匠的良心，飞机关乎乘客生命，飞机零部件制造绝不能出差错，99.99% 和 100% 是天壤之别，是生与死的差别。

现在，胡双钱的工作车间成立了"胡双钱大国工匠工作室"，用以培养更多优秀青年人才。在培养青年人的方式上，他有自己的风格。他说自己绝不会直接告诉年轻人如何操作，而是让他们去反复思考和琢磨，在关键的时候，才会去点拨。胡双钱一周有六天要泡在车间里，有时候加班加到第二天早上，看到同事都来上班了，他倒觉得比别人多活了一天，觉得很开心，根本不觉得苦。已近退休年龄的他，似乎身上有用不完的劲儿，他说，别说是再干 10 年，哪怕再干 20 年，自己也很乐意，希望天上飞的飞机，都写着"中国制造"。

匠心·匠言

工匠精神就是工匠的良心，就是对用户的生命负责，追求 100% 的无差错。人在低谷心不能沉，要始终保持昂扬向上、勤奋学习的状态。相信时代，相信历史，相信一个行业的发展规律，那些不断打磨自己、永远在准备的人终究会有实现梦想的机会。

（部分文章内容摘自网易新闻，贺少）

以匠心工作在航母心脏的高级技师

——记大连船舶技术学校毕业生 戴振涛

2012年9月25日，我国第一艘航空母舰辽宁舰正式交付，那天刚好是戴振涛34岁生日，这份"生日礼物"让戴振涛一生难忘。他说，当年那下蹲屈身，凌空一指的"航母style"，"指挥员的这个起飞手势一做，说明飞机已具备起飞条件，可以放下止动装置，让飞机起飞。"他现在是大连船舶重工集团有限公司船坞三部钳工四班班长、高级技师，享受总经理助理级待遇，人称"戴总"，介绍说，"这个止动装置的安装调试，就是我们班组承担的。"

曾参与过我国第一艘航空母舰辽宁舰、第一艘国产航母山东舰建造的戴振涛，今天仍奔忙在船舰维护保障的一线，日复一日地对数据、设备进行测量改进。

当大船工人就要以匠心追求好前途

"小时候，每当看到巨轮从船台入水，都觉得特有气势。"戴振涛说。戴振涛的父亲也是一名船厂工人，每次船舶建成，船厂都会邀请参建工人的家属参加下水仪式，这在戴振涛的心中留下了强烈的震撼。

"当工人能有什么好前途？"许多技校生感到这样的失落和疑惑的时候，戴振涛因为在"大船"当电焊工的父亲一句话——"干得好，厂子不会亏待你"，选择到大连船舶技术学校学习钳工专业，1996年毕

大国工匠

戴振涛

中国船舶集团大连船舶重工集团有限公司军品总装二部舾装车间钳四班工人，高级技师

航母阻拦机的每一根导轨都有数十米长，每米的水平误差不超过一根头发丝直径的1/6。他夜以继日，反复测量10年，换来百万数据库，确保舰载机安全着舰，让中国航母开启一个新时代。

业后进入"大船"分配到机装车间工作。脚踏实地和船舶打了20余年的交道，戴振涛精益求精，兢兢业业，用责任和担当淬炼出一颗良工"匠心"。

船舶钳工的工作现场在船舶的"心脏"——机舱，其中舵机位于船舶艉部舵机舱内，关系到船舶航行安全，重要性不言而喻。

为承担起这份沉甸甸的担子，戴振涛刻苦钻研施工图纸、设备说明书，无论是检修设备还是运行新设备，他都在现场仔细观看、动手实践，虚心向经验丰富的师傅请教。就这样边学边干，戴振涛快速成长为独当一面的技术骨干。"最开始我想，'别人会的，我也要会'。后来干得多了，就想'能不能有更好的方法'。"戴振涛十分重视工艺改进。

2007年，经班组员工推荐，戴振涛被任命为班组长，带领班组员工从事各类船舶辅机及舵系、货油泵透平机的安装、调试和交验等工作，负责的4.5万吨化学品成品油船、3.5万吨多用途成品油船、1800TEU集装箱船、30万吨油船以及军品的生产任务，均按期优质完成，他的班组也成为大船集团数一数二的攻坚班组。

参与安装中国第一台航母阻拦机

"当初安装阻拦机时，完全是摸着石头过河。"2010年，戴振涛和他的班组接到了我国第一台航母阻拦机的安装任务。航母阻拦机的作用是帮助舰载机降落着舰，用一根钢索，在3秒内将重达20多吨、时速高达250公里的舰载机拉住，使其瞬间平稳地在甲板上停下来。

"阻拦机中每个装置的安装精度都可能对舰载机和飞行员的安全产生重要影响。"戴振涛说。阻拦机横跨船尾左右舷，装备巨大，但仅导轨的水平精度，就要求每米不超过一根头发丝六分之一的误差。为此，戴振涛带领班组反复地对各项数据进行测量、计算、调整，天气、风向、载重等因素变化都要考虑在内。

　　经过坚持不懈地攻坚，戴振涛和他的班组先后完成了机舱动力设备、舵机、汽轮冷水机组、全船生活保障设备、特装设备等600余套设备的安装和调试工作，尤其在飞机起降特装设备施工中，完成了核心设备飞机轮挡止动装置、偏流板装置、阻拦机装置的安装及调试工作，使其在各种工况下经受住考验。在施工现场，大家常称赞戴振涛是辅机舵系安装调试的"大拿"。

建创新工作室，带徒弟传承匠心

　　从接触民品船舶，到参与我国航母建造，再到如今各式船舶设备的调试维护，戴振涛始终在船上，在现场，在船舶生产一线。

　　在一次某船舵系钻孔绞孔施工中，戴振涛发现，磁力钻钻孔误差较大会影响绞孔施工进度，增加工人劳动强度。经过反复的研究和试验，他创新出可调式磁力钻机座，提高钻孔精度的同时，大大减轻了工人的劳动强度，保证生产节点的按期实现。

　　据不完全统计，该操作工法的创新，在保证工作质量的同时为该道工序的完成节约工时288个，经集团在各在建船舶推广，该工法已累计为集团节约费用千万余元。

　　近3年来，以戴振涛命名的辽宁省劳模创新工作室，已有5人晋升为高级技师、11人晋升为技师、10人晋升为高级工；确立创新课题9项，其中6项已转化为成果；完成工法创新3项，提出技术改进项目146项。工作室为大船集团培养一批高技能人才的同时，也为国家重点工程建造提供了有力的技术、技能服务支持。

匠心·匠言

钳工做的是精细活，干精细活就要有匠心，肯于钻研，耐心做好每一项基础工作。保证人在工位、在现场、在生产一线，这样既能保持技术状态、提升自己，又能随时解决问题、帮扶后进、带动一片。把平凡的事做好，不断学习提高，同时尽可能帮助他人。

（部分文章内容摘自《工人日报》）

练就 LNG 船殷瓦钢焊接神功的特级技师

——记沪东造船职业技术学校毕业生 张冬伟

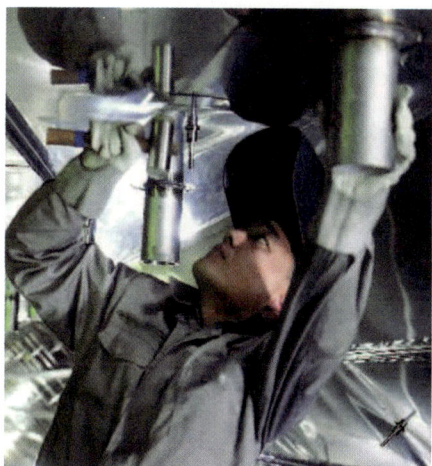

当张冬伟回到母校时，原沪东造船职业技术学校已改建为沪东中华造船集团高级技工学校，此时，已是沪东中华造船集团特级技师的他，成立了以自己名字命名的"技能大师工作室"。

2001 年，张冬伟从技校毕业进入沪东中华造船公司时，公司正在全力以赴准备建造 LNG 船。

LNG 船即液化天然气船，装载和运输的是零下 163℃的液化天然气，是国际上公认的高技术、高难度、高附加值的"三高"船舶，与豪华游轮一起被誉为"造船工业皇冠上的明珠"。其中最重要的核心部件的焊接——液货围护系统的氩弧焊焊接，一般焊接工无法胜任，必须经过特殊训练，千锤百炼，才有可能作业——液货围护系统敷设的殷瓦钢，薄得像一张纸，一滴汗水滴上去，钢板就会被锈蚀。只要操作稍微不当，一张进口的殷瓦钢就会成为废品，一公斤殷瓦钢要十几欧元。一艘 LNG 船的殷瓦钢消耗量，折合人民币五六千万元。

知道要成为建造 LNG 船的电焊工，在技校学的技术不够用，必须从头开始学，张冬伟感到巨大的压力，同时又很欣喜，因为在这个当口上遇到了名师——焊接专家、全国技术能手和央企劳动模范秦毅。

大国工匠

张冬伟

沪东中华造船（集团）有限公司总装二部 特级技师

神工妙力焊出"天衣无缝"，
钢板"绣花"攀上造船高峰。
他用要求苛刻的殷瓦钢焊接技能打造出国之重器，
书写"大洋上的中国荣耀"。

"你不用怕，但必须好好学，好好吃苦头，练就在钢板上能够像'绣花'那样的本领，就可以成为建造 LNG 船的电焊工。"师父秦毅这样告诉他。

果然在一次集训中，他吃到了苦头，但这种苦头是他没有想到的，每天需要在钢板上连续练习七八个小时，甚至更长时间。骨子里不服输的他誓言："我就不相信不能降服你！"

张冬伟悟性好，憋着一股劲、咬着牙，拼命学，流了比别人多的汗，因此进步也一天比一天快。为了尽快掌握 LNG 船焊接技术，张冬伟跟在师父身边仔细观察，学习他的每一个焊接手势，连最小的细节都不放过，有时一看就是几个小时。经过师父秦毅的指点和自己不断的现场实践操作，张冬伟摸索出一个焊接方法，并取名为"蜻蜓点水法"。

凭着执着钻研，张冬伟付出超出常人的耐心和专注，也获得了精湛的技艺。"正如大家所说的，工作没有高低贵贱之分，一行有一行的魅力，一行有一行的值得。只要有对职业的爱心和恒心，在平凡的岗位上，也一样可以迸发出极致的美。"

公司当时选出的 16 名焊接骨干中，张冬伟是进厂时间最短的，但就是凭着一股不服输的韧劲，2005 年，张冬伟顺利考取中国 LNG 船殷瓦焊接 G 证证书，与同事成为我国第一批 16 名掌握这项技艺的工人。

拿下殷瓦焊接技术

十几年前承接 LNG 船建造，对沪东中华是一个巨大考验，国内没有先例可循，对于国外实行技术封锁的"殷瓦焊接"技术必须率先突破。

张冬伟考取 G 证成为合格的殷瓦焊工时，见多识广的 LNG 船船东并不相信一个毛头小伙子，能够承担这样的焊接重任。

张冬伟没有丝毫胆怯，信心满满开始了焊接。"嗞嗞嗞"的焊接声中，

焊缝一寸寸在延长。船东代表不放心，让他停下来，用专用设备仔细检查了几次，再让他焊几十米试试。

围着他的国外专家在掂量着他的技能是否真的精湛，专用检测设备数据表明，质量完全符合标准。船东露出了满意的笑容，伸出了大拇指。

殷瓦钢焊接长度总长达 130 公里，虽然 90% 是自动焊接，但还有 13 公里特殊位置的焊缝，需要手工焊，一个针眼大小的漏点，都有可能造成致命后果。将这些薄如蝉翼的殷瓦钢板焊接成一体，可以说是高难度的焊接技术，尤其对焊接工人的耐心和责任心是一个极大考验。短短几米长的焊缝，需要焊接五六个小时，只要出现一个漏点，就会导致液化天然气从船舱泄漏，严重的话，甚至会造成船毁人亡的灾难，直接经济损失十多个亿。

在这样苛刻的要求下，沪东中华 LNG 建造团队曾经创造了一项纪录——在一个大舱完成焊接工作后，经第三方密性检测为 0 漏点，这一纪录即便欧美、日韩那些曾经建造过 LNG 船的船厂也没能达到，这是中国船舶工业的荣耀。

给"暖水瓶"焊"内胆"

我国自主研发设计、代表世界大型 LNG 运输船领域最高技术水平的第五代"长恒系列"LNG 运输船，一艘容积 17.4 万立方米，装载的液态天然气汽化后体积相当于 100 多个"水立方"容纳的液体，一旦泄漏爆炸，后果不堪设想。而防止天然气泄漏的关键构造就是殷瓦钢内胆，张冬伟的工作，就是焊接这些构成内胆的钢板。"LNG 船就好似我们家里用的暖水瓶，暖水瓶有一层外壳，里面有一个用于装热水的内胆，而我们这个装载液化天然气的围护系统，就相当于暖水瓶的内胆。"

LNG 的"内胆"全部是用不膨胀且耐低温的殷瓦钢拼接而成的，厚度仅有 0.7 毫米，相当于两层鸡蛋壳厚度。如果采用普通的焊接工艺，就会导致薄如蝉翼的钢板焊穿，只能使用氩弧焊这一特殊的焊接工艺。

　　登上一艘正在建造的 LNG 船内部，灯火通明，耳边时不时传来电焊的嗞嗞声，工人们正在焊接 LNG 船的液化气围护系统。戴上护目镜和羊皮防汗手套，全副武装的张冬伟首先对殷瓦钢进行测量，随后做上标记，紧接着与工人们一起将殷瓦钢搬运到指定位置，将两片钢板对齐。所有准备工作基本就绪后，张冬伟戴上面罩，拿起焊枪，调整好焊接电流，开始焊接作业。焊枪喷出的炽焰将两片钢板融为一体，焊缝处呈现出鱼鳞状焊点……

　　整个焊接过程他张冬伟没有一丝停歇，一鼓作气完成焊接作业。钢板间的焊缝烧得恰到好处，背面的绝缘箱也没有着火。焊接结束，张冬伟又打着手电对每一个焊点进行仔细检查，全部合格后，用记号笔在殷瓦钢写了一个"OK"。

　　"我烧这个氩弧焊已经十几年了，双手已经有了机械记忆，沿着钢板一片一片烧过去就仿佛闹钟一样，嗒嗒嗒嗒一点一点过去，一气呵成，确保不漏点。"张冬伟自豪地说道。

带骨干书写"大洋上的中国荣耀"

　　骨干带骨干成了张冬伟的另一项任务，很多人都想成为他的徒弟。教徒弟不是省力的事，又没有什么好处，他可以婉拒或者应付。然而，张冬伟说，造船可以兴国，而且中国要成为世界造船舞台上的强者，就必须要储备更多高技能人才，自己就必须要担当起这个责任。他表示："要为中国船舶工业的发展竭尽全力。我不能口是心非，只做个喊喊口号的人，我要用实实在在的行动兑现承诺。"十几年来，张冬伟凭借着干劲与闯劲，与同事们一同书写着"大洋上的中国荣耀"。

　　如今，张冬伟身边有 40 余人获得了殷瓦 G 证等手工焊证书和氩弧焊等自动焊证书，30 余人成了多种焊接类型的复合型殷瓦焊工。他们都是经过

张冬伟培训或者手把手教出来的，现在都是中国建造 LNG 船的技术骨干。张冬伟团队所在的沪东中华已成功建造 LNG 运输船逾 30 艘，创造了多个中国第一和世界第一，切实书写了"大洋上的中国荣耀"。

做焊工不容易，做一名好焊工，更不容易。穿着厚重的工作服，整日和滚烫的钢板、烟尘打交道，尤其在炎炎夏日，光着膀子都嫌热，电焊工却要捂着厚厚的帆布工作服，在船舱里伴着铁水"战高温"，干完一批活下来时，衣服往往全被汗水浸透。可张冬伟觉得如果能把"花""绣"得漂亮，那就是其乐无穷的。

至今，张冬伟收获了大国工匠、全国技术能手、中央企业技术能手、全国职业道德建设标兵个人、全国五一劳动奖章……等无数荣誉，但他一次次告诫自己，千万不要骄傲。"一个人如果能够做到几万米、几十万米殷瓦钢焊接没有一个漏点，才是神工妙力，才是铮铮的英雄。"

匠心·匠言

坚持钻研，付出超出常人的努力和专注，就能获得精湛的技艺。高难度的工作往往更考验技工的耐心，只有耐心再加上严谨和细致，才能胜任岗位要求。

（部分文章内容摘自东方网）

职高出身的"高铁焊接大师"

——记长春客车厂职业高中毕业生 李万君

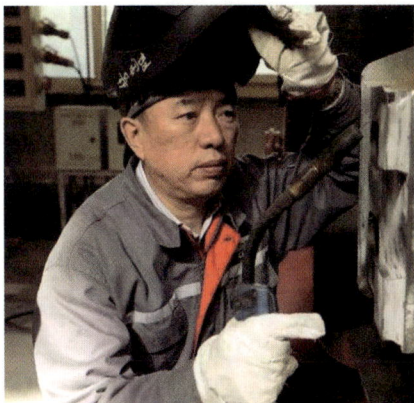

李万君职高毕业，2016 秋就读于国家开放大学本科机械制造与自动化（数控方向）专业，高级工人技师，中车长春轨道客车股份有限公司股份公司首席操作师，2018 年"大国工匠年度人物"。1987 年 8 月在原长春客车厂参加工作后，不断磨砺技能，长年承担高铁机车转向架制造的焊接工作，先后为公司培训焊工 2 万多人次，总结并制定"环口焊接七步操作法"等 32 种转向架焊接规范及操作方法，技术攻关 150 项，其中 26 项获得国家专利。2011 年荣获中华技能大奖，被誉为"高铁焊接大师"。

在中车长客工作 34 年来，李万君始终坚守在焊接岗位一线，从一名普通焊工成长为我国高铁焊接专家，总结并制定了 30 多种转向架焊接操作方法。李万君先后荣获"中华技能大奖"、"全国劳动模范"、"全国优秀共产党员"、"感动中国年度十大人物"、"大国工匠"等荣誉，被誉为"工人院士"、"高铁焊接大师"。

"作为一个高铁焊工，就要用智慧和技能把手中的产品不断升华，最后达到极致，变为艺术品，这就是'工匠精神'。"李万君说。

大国工匠

李万君

中车集团 首席技能专家、高级工人技师

一把焊枪，一双妙手，他以柔情呵护"复兴号"的筋骨；
千度烈焰，万次攻关，他用坚固的骨架为"中国梦"提速。
那飞驰的列车，会记下他指尖的温度。

突破转向架核心技术，高铁工人大显身手

据中车长客介绍，我国高速动车组能以如此高的速度和稳定性奔驰在祖国的广袤大地上，其主要原因之一就是转向架技术取得了重大突破。转向架是高铁行走的关键部分，关系到高铁运行时的速度与安全。转向架制造技术，也被列为高速动车组的九大核心技术之一。

李万君就工作在转向架焊接岗位上。他先后参与了我国几十种城铁车、动车组转向架的首件试制工作，总结并制定了 30 多种转向架焊接操作方法，技术攻关 150 多项，其中 37 项获得国家专利，代表了中国轨道车辆转向架构架焊接的世界最高水平。

2007 年，中国铁路第六次大提速，使得旅客列车最高时速达到 250 公里。其时，时速 250 公里动车组在中车长客试制生产。由于转向架环口要承

载重达 50 吨的车体重量，因此成为高速动车组制造的关键部位，其焊接成型质量要求极高。李万君回忆，该车型的第一个转向架就是他焊接的，但外国专家来做首件鉴定后说 No，指出里面不融合缺陷过多，有开裂翻车风险。

"当时我一听，脸腾一下通红。作为客车厂第一高手，你都焊不了别人怎么焊呢？"李万君说，他当时中午饭都吃不下，埋头钻研半个月，发现边焊边转圈，一焊枪一气呵成，一个接头都没有。最终，他总结出"环口焊接七步操作法"，成功突破国外的技术封锁，保证了动车组转向架的批量生产。

2017 年 9 月 21 日起，全国铁路实施新的列车运行图，7 对"复兴号"动车组将在京沪高铁率先实现 350 公里时速运营，调整运行图后，中国成为世界上高铁商业运营速度最高的国家。

李万君介绍，2015 年起，他带领的攻关团队就开始紧锣密鼓地开展复兴号动车组试制工作，当时没有国外技术可借鉴，一开始就遇到了困难。"当时我们生产两节车，4 个转架，8 个扭杆座，关系到列车运行当中每天上万次的摆动，扭杆座弯道极多，刚开始焊 8 个扭杆座都不合格。"李万君回忆，最初他们想过改设计，可这是既定图纸的很难改动；他们也想过放宽质量，可动车组 350 公里时速跟飞机起跑速度一样，质量关系着旅客的生命安全。

李万君便带领徒弟们刻苦摸索，不断试验，最终成功突破了转向架侧梁扭杆座不规则焊缝等多项技术难题，保证了复兴号的如期生产。

李万君至今清晰地记得，2017 年 6 月 26 日复兴号中国标准动车组在京沪高铁首发那天，他看到乘客们买到第一趟车票纷纷自拍时，一种祖国强大的自豪感油然而生。"中国高铁终于从追赶走到了领跑的新时代！"李万君说。

34 年精益求精，"大国工匠"磨砺出

"作为一个高铁焊工，就要用智慧和技能把手中的产品不断升华，最后

达到极致，变为艺术品，这就是'工匠精神'。"李万君说。

做焊工 34 年，李万君就钻这一门"手艺"，直到把经验变成科技。

34 年前，李万君刚进厂的时，做的是水箱工段的电焊工。"远看像逃难的，近看像要饭的，仔细一看是水箱工段干电焊。"李万君说，当时厂里流行的这句玩笑话，正是形容他们。

他回忆道，那时还用老式焊条、电弧焊，20 多个焊工一开电焊机，屋里就烟气直冒，10 米开外看不见人。晚上口罩一摘，鼻孔里已被焊烟熏黑。衣服上经常烧出大大小小的窟窿，棉花都露出来。

当时跟李万君同岗位的 28 个职高同学，不到一年时间，调走了 25 个。李万君也想过走，父亲劝他，"万君，咱没有文凭，到哪都是当技术工人。电焊工还有点技术，将来说不定有出息，你就好好干。"

那时，李万君给自己定了一个小目标：当一个不挨"扣"的焊工。那时焊漏一个水箱要扣 5 毛钱，5 毛钱都能买一兜饼干了。"我的初心，就是当一个合格不挨'扣'的电焊工，万万没有想到坚守了 34 年，它就发生了质变。"李万君说。

从 1997 年到 2007 年，李万君先后 3 次代表长客出征吉林长春市焊工大赛，3 次获得冠军。2011 年，因他"代表了车辆转向架构架焊接的世界最高水平"，荣膺"中华技能大奖"。通过比赛，他为集体争了光，自己也大有收获。通过参加大赛，李万君破格晋升了高级技师。自建厂以来，通过比赛获得技师、高级技师的，李万君是第一人。

2018 年，因为李万君团队的成功攻关，中车长客成为我国首家成功拿到美国纽约地铁转向架生产资质的企业。

纽约地铁拥有北美地区最繁忙、规模最大的轨道交通网络。纽约交通局负责运营 25 条地铁线路，6418 辆地铁列车，年载客量近 25 亿人次，同时这里也拥有全球准入门槛最高的资格审查程序。

李万君回忆道，他们刚开始接到的任务是试制 4 个纽约地铁的转向架，材料都是美国本土空运过来，是国内高铁钢板厚度的四倍，耗资近亿。实验

过程中三个转架检测完全合格，而剩余一个转向架的两个焊口已经修补两次了，再修补一次不合格，就只能报废。

领导出于对李万君的保护，不让他焊，建议转交他人，因为李万君已经获得了诸多荣誉，无谓手下再出问题。但李万君不愿意退，"宁愿战死在战场上，也不能被困难吓倒！"

他把两个焊缝全部返工，修补到半夜。第二天，国内专家检测通过。一周后，美国聘请来的国际专家来检测，足足检测了一上午，结果全部合格。

2017年7月至2018年6月，中车长客相继通过了车体、系统集成、转向架的资格认证，最终获得了纽约地铁的整车供货资格。在签署合格证书时，纽约交通局代表用一句中国谚语形容中车长客的产品和团队——"没有打虎艺，不敢上山岗"。

磨砺至今，李万君靠耳朵就能知道焊得好不好。

通过实践积累，他发现二氧化碳在焊接的时候，不同的焊接规范能传出不同的声音。就是在20米以外焊接，他根据听到的声音，就能判断焊得好不好。"把工作当成一门艺术，就不是简单的工作，而是一种享受。"李万君说。

自编教材，培养下一代高铁焊工

比起自己在焊接技术上的创新，李万君更看重自己在培养新人上的成果。今年，他有两位徒弟都获得了全国五一劳动奖章。"我现在最大的希望就是我这些徒弟快速成长，成为我或者超过我。只有这样才能更好地迎接中国高铁未来的发展，解决高铁遇到的困难。"李万君说。

2007年，中车长客刚开始生产高铁列车时，就出现了焊工短缺的问题，需要补充400多名转向架焊工。刚开始，公司想聘请德国专家来培训，可专家从德国一起飞，就要以小时计费，成本太高。而且其制定的培训计划是两年，严重制约了高铁的生产。

于是公司采取了校企联办的方式来自主培养焊工，李万君被层层推举为总指挥。当时李万君很兴奋，"工人也能变老师"。但他又担心自己的职高文聘不够用，急忙去各大书店搜罗专业书籍，找了几天，却发现没有合适的教材。

李万君这才明白过来——中国高铁刚开始生产，哪有培训书，得自己编写。于是，他将自己多年的焊接经验编写成通俗易懂的 PPT 用于培训。蹲着的姿势、焊枪的角度，PPT 中有各种详细而实用的细节，一些内容甚至和现有教材相反，但却能有力地指导生产。

同时，李万君还现场打样，再因人而异的逐个指导。初期，为了节省成本，学员们的焊枪头上绑着毛笔尖，蘸着墨水练习，后期才会"实弹"演练。

"孩子们也是非常着急，学得非常用心。他们中大多数都是郊区或农村的孩子，非常能吃苦。"李万君说。最终，400 多名校企联办学员全部提前半年考取了国际焊工资格证书，满足了中国高铁快速发展的需要。至今，这些学员都已成长为公司转向架焊接的中坚力量。

随后，公司在此基础上成立了"焊工首席操作师工作室"，李万君以此为载体，专注焊工培养。2010 年至今，他负责该工作室具体工作，采取"大""小"穿插、"横""纵"结合的方式，组织集中培训 400 多次，累计培训焊工 2 万多人次，帮助公司焊工考取国际、国内焊工资质证书 6000 多项，满足了中国高铁、出口车等 20 多种车型的生产需要。

同时，"焊工首席操作师工作室"还是"劳模创新工作室"。李万君带领工作室成员，采取"请进来"、"走出去"的方式，承担了吉林省包括中国一汽在内的各企业焊工技能交流传承活动，共计组织高技能人才培训 20 次，累计达 2500 人次。在近些年的全国及省市各级技能竞赛中，李万君的徒弟们屡获殊荣，在国际比赛中也取得了不俗的成绩。"这说明改革开放 40 多年后的今年，中国焊工的技能水平在世界上也是一流的。"李万君说。

回望参加工作的 34 年，李万君说自己亲眼见证了中国高铁事业从无到有、从制造到创造、从追赶到领跑的全过程，也见证了产业工人从默默无闻到备受尊重的全过程。在他看来，正是高铁大发展的机遇，才让他得以成长，并收获荣誉。

李万君也正用自己的坚守激励来者，"只要我们用工匠精神把每天的工作干好、干精，都会走出精彩的人生。"

匠心·匠言

啥活干精了都会有出息——所以，一定要千方百计先把活干精。考学历、评职称、充实自己、鼓舞信心，不断学习提升，向更高处攀登。

（部分文章内容摘自澎湃新闻）

炉火纯青的机车"铸造大师"

——记大连机车技师学院毕业生 毛正石

毛正石为中国中车大连机车车辆有限公司高级技师，2006年获得全国技术能手称号，2008年荣获全国五一劳动奖章，2009年享受国务院政府特殊津贴，2010年获评全国劳动模范，被评为"大国工匠年度人物"。

守着一炉铁水，转了30多年，练就了一副火眼金睛，1400多度的铁水，凭"眼力"就能控制10度以内的温差；毛正石有一副大胆子，越是遇到大难题就越来劲，没人敢接的活儿他敢接。在炉火纯青的技艺背后，他传承了砥砺创新的家国情怀，把有着几千年历史的中国传统工艺——铸造，精心打磨出了符合国际标准的出口产品。

从"翻砂匠"到"铸造大师"

1982年，毛正石考入中车大连机车技师学院（当时为厂办技校）铸造专业，毕业后进厂第一份工作"翻砂匠"是厂里尽人皆知的苦、脏、累岗位，纯体力活。一天要铲4吨沙子，先把沙子铲到沙箱，再用方墩子把松散

大国工匠

毛正石

中车大连机车车辆有限公司 铸造工、高级技师、高级工程师

用科学智慧柔软坚硬钢铁，
用尽善尽美诠释大国匠心。
炉边铁汉，守一炉铁水37个春秋，
沸腾的铁水，铸就中华民族实业之光。

的沙子捣紧实，让它形成一个坚固的铸型。每天高强度翻砂，在潮湿的环境里工作多年，他的指关节粗壮，伴着风湿的疼痛，一活动就嘎吱作响。

不过，毛正石没有气馁。他认为，一个人可以没有文凭，但不能没有知识和技能。他坚持不懈，刻苦自学，技术业务素质提高很快，逐渐成长为铸造岗位上的行家里手。

除了生产"火车头"外，大连机车车辆工厂还会代工生产船用发动机、军用发动机等动力装置。一天，厂里接到生产透平轮的订单。透平轮是汽轮机重要的组成部分，叶片众多，制作芯盒的过程中需要更换16次导向刮板。以机车厂当时的技术，最多只能成功更换2次。

当时，铸造车间里，四五十岁的老师傅忙活一上午仍然没有一件成品制作出来，心急再加上天气热，老师傅已经汗流浃背，但是作为整个班组的技术一把手，他不会放下面子求助别人。

毛正石看在眼里，中午吃完饭就蹲在车间观察琢磨，下班后厂子安静下来，就专心研究图纸。一周后，他找到了解决办法，半小时时间，他做出了三套成品。从那天开始到退休，老师傅见到毛正石都非常客气。在企业里，只有靠过硬的技术才能赢得尊重，是这件事带给毛正石最深的触动。

在当时的大连机车厂，毛正石是众多技术人奋斗进程的一个缩影，大连机车上从技术上一穷二白逐步积累起深厚的机车技术，自强、不服输、肯干，是毛正石这一代技术人身上的普遍特征。

铸造技术飞跃与挑战

1997年，大连机车车辆有限公司投资7000万元进行技术改造，引进了德国和意大利的生产线。工厂的生产方式、生产效率、质量控制等方面都得到了很大的提升。从那时起，铸造车间开始接触到更高端、更复杂的产品。由铸焊机体到整铸机体，铸造技术实现了很大飞跃，同时也面临着巨大

的挑战。

刚开始做整铸机体时，产品无一成功，每件废品成本高达十几万元。技术专家一筹莫展，毛正石当时资历尚浅，没法参与专家组的技术讨论，但也没有停止过思考，一天中午，一个想法突然闪过脑海：预埋一个芯撑呢？这样就可以解决浇注时 4 米长的水管由于浮力作用漂起导致产品报废的问题。

他把这个想法告诉了两位老工艺师，按他的方法制造了工装和芯撑，试验成功了。从那时起，工厂开启了批量生产大型整铸机体的时代。

"毛大胆儿"打破美国专家预言

1999 年，机车厂面临减产、收益下降的问题，职工批量下岗，老员工面临内退。毛正石当时担任组长，每天和一众组长们到计划调度部门抢活，有活干才有"饭碗"，那是一段人人有危机感的时期。2001 年中国加入WTO 后，国际市场渐渐打开，铸造厂才进入新阶段，快速发展起来。

那时，毛正石和同事们对任务和挑战有强烈的渴望，只要是难活，别人做不了的，他们都会接过来。其中就包括与美国 EMD 公司合作生产的 265内燃机车。美国专家曾放话：我敢打赌，你们前 6 台不可能生产成功，因为我们试制时就废了 9 台。

美国专家看到产品检测报告时难以置信，报告显示，生产的第二台机体就通过了质检。实际上，第一台就生产成功了，但它需要解剖用于检验。EMD 几位年过七旬的专家感叹："中国竟有如此先进的铸造技术。"

在毛正石看来，拿到一个产品时要预判成功概率。铸造更像一种手工艺，无法通过执行电脑程序来保证产品的成功率，很多看不见摸不着的因素影响着铸造过程，比如天气，江浙沪天气潮湿，夏天铸件废品率就高。此外，原料、采购、制作手段、操作方法等各个环节都完善，才会生产出成功的铸件。

10 项国家专利技术

"没有十年的功夫，不敢说你懂铸造；没有二十年的功夫，不敢说你行。"这是毛正石经常说的一句话。

2004 年，他采用旋转底返式浇铸系统，解决了铸件内钢质油管与铸铁机体因收缩系数不一致造成油管泄漏的世界性技术难题，成就铸造行业的一段传奇。

在毛正石的技术组里，有两名研究生、15 名大学生。学历最低的毛正石，却以高超的技能和朴素的职业操守让大家心悦诚服。

在铸造车间，由于工艺复杂，出废品在所难免。但废品率与真金白银直接挂钩，毛正石决心叫板这一顽疾。毛正石工作室成立之后，共计完成 50 项重点产品的质量攻关与工艺改进，调整了几十项长线生产工艺，废品指标由过去的 8% 下降至目前的 2.5%，打破了国际记录，几年来节约成本千万余元。

2012 年，铸造车间出现了质量问题，生产无法推进，厂长决定将毛正石调到技术组。来到技术组后，毛正石制定了废品率不得高于 2% 的考核标准。各班组组长纷纷向厂长诉苦，表示考核指标太过严苛，但毛正石坚持自己的标准，他心里清楚，产品致废的主要原因是工人的操作和制作工艺，并非无法解决的技术难题。

当时生产电力机车轴承箱，废品率高达 40%，毛正石决心整顿工艺纪律。下车间检查时，他经常拎着根铁棍，不合格的产品当场砸掉。3 个月后，全车间的废品率下降到 1.87%，刷新纪录。

从 2012 年开始抓车间产品工艺到 2014 年，毛正石见证了每件产品生产工艺的调整。获得多少奖项已没有太大意义，整改工人操作习惯，固定操作标准，控制操作水平，这些可以被复制和延续下去的，才是铸造业的传承。2018 年，毛正石将 10 项技术申请了国家专利。在铸造技术领域，更先进的手段、绿色环保的生产流程以及更高端的产品是行业发展的方向。专利的申请则为大连机车车辆有限公司的竞争力提供了保障。"到目前为止，除了航空发动机的叶片技术是短板，其他产品以我国的铸造技术都可以生产制造。虽然我们对精密技术的研究起步较晚，但这短短的几十年来已经取得了突破性的进展。"

一点不差：零缺陷、零误差

传统铸造业流行一句老话："差一寸、不算差"，意思是说，在铸造产品中，一寸以内的误差都可以忽略不计。而中国铸造走向世界的新标准则是"零缺陷、零误差"。

2012 年，法国阿尔斯通公司向全球供货商发出通知，要用铸铁代替锻钢生产汽轮机叶片，由于产品对铸造工艺要求极高，当时全球没有几家公司敢接单。而中车大连机车厂却接下了这笔生意，用铸造车间主任的话说，"敢拿下这一单，靠的是我们有毛正石这样的技术团队。"

"一点不能差，差一点也不行。"这是毛正石最常说的一句话。近年来，毛正石和团队相继完成的阿尔斯通公司汽轮机叶片，史密斯公司各种滚套、齿轮环等高难度铸件生产，不仅精度高而且工期短，产品质量普遍好于国外，为企业创造了千万元产值。

"在这之前，铸铁的最高检测标准是二级，允许有大拇指盖儿大小的蜂窝状微观缺陷；用铸铁代替锻钢，检测标准就要升格到一级，一点缺陷都不能有。"具有丰富实战经验的毛正石十分清楚，要想铸铁完美无瑕，突破点就是"温度"。铁水出炉的温度在 1400 度左右，对于传统铸造产品来说，浇铸过程中允许有四五十度的温差。但为了打赢这场战役，毛正石给自己划了一道硬杠杠——温差必须控制在 10 度左右。

控制温差，毛正石有自己的诀窍："在浇铸中，最重要的是要注意观察铁水花的变化。如果铁水花达到 2.5 厘米，就证明温度在 1380—1390 度，可以开始浇注；如果达到 3.5 厘米左右，就意味着这一炉铁水报废了，必须回炉。"

凭着精准拿捏 1400 度的火眼金睛，毛正石攻下了上述一连多项高难度铸件。

心传身授　匠心传世

毛正石有一份期盼："铸造工是可以穿着白大褂上班的！工人有了知识有了技能，才更有力量。"

对于这个职业，毛正石的责任感要多于热爱。进到铸造车间，伴随着机器的轰鸣，是空气中漫天飞扬的灰尘，长时间工作的工人们都戴着专业的防护口罩，穿梭一会儿就能蹭上满身掸也掸不掉的污垢。

如今，在中车集团大连机车车辆厂，毛正石有以自己名字命名的劳模创新工作室，担任车间的技术组组长，全面负责车间技术工作。他的技术组中有两名研究生、15 名大学生，

毛正石工作室认真开展"名师带徒"工作。工作室在组织并建立师徒关系过程中，始终坚持分工种培训、分层次培训、培养与考核评价相结合的三大原则。师傅每月要对徒弟进行理论与实践培训，理论不得少于 5 小时，实际操作不得少于 10 小时。毛正石技能大师工作室和劳模创新工作室带动了一批高技能人才快速成长。

时间的沉淀，让毛正石体会到，铸造师并不是"傻大黑粗"，也可以成为"高精尖"。谈起传承了上千年的工匠精神，毛正石这样理解："是执着，是严谨，更是精益求精；是敬业，是诚信，也是在工作积累中的不断创新。"

因为坚守，"毛正石们"铸造出的国际标准，让"中国制造"变成"中国创造"；因为创新，"毛正石们"开拓出的海外市场，让炉火纯青的"千年

铸造"一步步走出国门，惊艳世界！

匠心 · 匠言

把一件事情当成一辈子的事业去追求。没有十年的功夫，不敢说懂；
没有二十年的功夫，不敢说行。带徒的经验：第一件产品由师父操作、徒
弟观摩，第二件产品师父跟徒弟一起操作，第三件产品由徒弟操作、师父
观摩。

（部分文章内容摘自央视网，刘祺）

焊出重载铁路货车的电焊"花木兰"

——记武昌技校毕业生 易冉

2000年夏天，18岁的易冉从武昌技校毕业，被分配到中车长江集团株洲车辆有限公司组装车间底架转台班。第一次登上六尺高的转台，见到12台焊机一字排开，12簇焊花此起彼落，滋滋的焊弧声像一道气势磅礴的交响乐，易冉被这种场景迷住了，也感到了压力："在学校，我只学过手把焊，从未试过这种半自动气体保护焊。"

苦练加上悟性，易冉很快在车间施焊量最大、工作条件最艰苦的底转班站稳脚跟，她焊出的一条条焊缝均匀、熠亮，完全看不出是一个新手的作品。

易冉仅用3年时间，就完成了从"技术铜星"到"技术金星"的跨越，是工厂设立该奖项20多年来用时最短的员工。2005年7月，23岁的易冉在全厂报考技师的20多名选手中以电脑绘图第一、实作第一、理论第二的成绩顺利考取集团公司技师资格，成为株洲车辆有限公司最年轻的技师。

2007年，公司出口订单猛增，易冉调入组装车间新产品试制班，参与3支点矿石漏斗车、C80BH、澳大利亚五联平车、巴西车、安格纳车、FMG敞车等所有国际国内新产品车辆的试制，不仅掌握了国际通用焊接标准，而且成为备受赞誉的"国际焊工"，先后摸索出一系列国际先进的焊接技巧。

当年公司第一次向澳大利亚出口铁路货车，该车世界先进，技术标准采

大国工匠

易 冉

中车株洲车辆有限公司组装车间
电焊高级技师、国际焊接技师、高级工程师、中车首席技能专家

技艺为国，焊花作证。

心怀国之大者，擦亮中国制造闪亮名片；

焊花闪耀，映照一颗赤忱的大国匠心。

巾帼之手，创立焊法标准，

飞驰的新型重载高铁列车，承载她心系国之重器的梦想。

用远超美国 AAR 标准的欧洲标准。易冉负责核心部件中梁焊接攻关，澳方监造专家苛刻要求中梁焊接所有焊缝咬边为零，大焊角、坡口不能有弧坑。

如此精准的手工操作，相当于数控机械手的精细标准。一个半月的试制期间，易冉与另外一名焊接技师日夜守在生产一线。"刚开始我们一直做不到，总是需要不停地返工。"在焊接设备的选配、焊接参数的优化、工装胎膜的调试、传统操作手法的突破等方面，易冉与同事反复试验，最终成功。

在担负结构复杂的澳大利亚 PN 煤车试制攻关时，易冉采用小月牙形的摆动手法，解决了该车由于结构特殊无法进行反面清根的难题，提效 4 倍，创效百万；担任中梁电焊班班长时，一举攻克了 NX70A 平车中梁"七字铁"焊缝开裂质量缺陷居高不下难题，中梁班组一次交验合格率从 39.73% 提升到 96.3%。某项任务中，她独创出小规范就地填弧坑的新技艺，焊出首根优质中梁。平时冷若冰霜的澳方监造专家非常满意，对她竖起大拇指。最让她开心的不是创造出新技艺，而是展示了中国工人的素质，让"中国制造"得到远至澳洲的业主方肯定，为中国铁路货车产品在海外树立了品质标杆，赢得了让产品可以畅行五洲的口碑。

2011 年 10 月，易冉被国家选派与三位男同志一起赴德国，参加在德国吕讷堡举行的国际焊接比赛。在德国，没有女人从事电焊职业，赛场上出现一个柔弱的中国女孩，让德国同行感到惊奇，而易冉的出色表现，更是让赛事组委会专门为她颁发了唯一的"特别奖"。她参赛的立焊、平焊板作品获德国 DVS 证书并被公开展示。德国当地媒体还以《中国的"电焊花木兰"》为题对她进行了专题报道。此后，这个娇小的株洲女孩有了一个响亮的外号——"电焊花木兰"。

从事焊接工作 22 年来，易冉完成焊接交付铁路新型货车超过 8 万余辆。她带领团队参与公司焊接攻关项目试验 100 余项次，新材料焊接工艺性及工艺评定试验 60 余项，完成重载高速铁路货车技术创新 47 个，申报国家专利 33 项。2015 年易冉被评为全国劳动模范，2018 年 12 月入选"中国好人榜"，2021 年入选湖湘工匠和大国工匠。

对于技术进步，"我的小窍门是'逆向思维'。比如，师傅在指导如何将焊条充分顶出去来消除仰板背面凹陷时，我会特意观察焊条没顶出去所造成的缺陷。"易再说。她也用自己的足迹证明了"女性不适合干电焊，真的只是一个误区。"

匠心·匠言

行行有难处，却各有各的乐趣与价值，尊重自己选择的职业。勤学苦练，善于创造标准和规范，用标准化的工作方法去攻克难关。逆向思考，从老方法想到新方法，从标准想到不达标的后果、想到达标的途径。

（部分文章内容摘自《光明日报》，禹爱华）

数控加工精密部件的维修专家

——记潍柴技校毕业生 王树军

1993 年，从技校毕业的王树军加入潍柴集团，成为一名维修工人。现在是潍柴动力股份有限公司一号工厂机修钳工、高级技师，凭着一股不服输的倔劲，从普通的维修工成长为大国工匠，并获得全国劳动模范等荣誉称号。

2004 年，为提升产品品质，潍柴大批引进世界最先进的数控加工转台设备，其中很多精密部件都是厂家核心技术，部件的维修手段更是严格保密。2009 年，正值生产高峰期，一台加工中心数控转台锁紧出现严重漏油现象，等外国专家来处理已经来不及，王树军自告奋勇提出自己检修的建议。

"转台下安装有无数精密传动零部件，任何一个环节的失误，都会造成难以弥补的损失。但想到机器调试时外国技术员对我们不屑一顾的眼神，我的倔劲就上来了。"王树军说。没有一点精气神，不敢想、不敢做、不敢闯，那什么也干不成。王树军一边摸索一边检修，光机器就拆了三天，克服无数次的挫败感后，王树军最终成功让机器正常运转。

"这次尝试，改变了我的维修理念：我们修好的不仅是设备，更重要的是打破了对洋设备的盲目崇拜。我们中国工人有能力、有智慧站在装备制造的世界最高峰。"从这时起，王树军和他的团队进一步创新技术，迈出了从修设备到造设备的转变，成功实现潍柴集团一号工厂装备自动化改造。以此为起点，王树军团队共实施重大创新项目 230 多项，累计创造经济效益 2.62 亿元。

大国工匠

王树军

潍柴动力股份有限公司 首席技师

他是维修工，也是设计师，更像是永不屈服的斗士！
临危请命，只为国之重器不受制于人。
他，中国工匠的风骨，
在尽头处超越，在平凡中非凡。

匠心·匠言

及时更新工作理念，跟进装备制造智慧化、精密加工数控化的趋势，使自己的技能永不落伍。作为一名技术工人要兼备技师智慧与专家勇气，敢想、敢做、敢闯，认真尝试拿下精密维修等高新技术。

（部分文章内容摘自红网）

铸造国产汽车的"金属雕刻大师"

——记中国一汽技工学校毕业生 李凯军

李凯军，1970 年 2 月生，河北乐亭人，走出一汽技工学校（现长春汽车工业高等专科学校）后到一汽集团任钳工，成为集团公司下属一汽铸造公司产品技术部的首席技能大师和吉林省高级专家，全国劳动模范，长白山技能名师，2019 年当选 2018 年度"大国工匠年度人物"。

勤学苦练　技艺精湛获殊荣

1989 年，李凯军从一汽技工学校毕业，来到铸造模具设备厂从事模具钳工工作。面对日复一日枯燥的抛光、研磨等工作，他不但没有懈怠，反而对自己提出了更高的要求。别人午休的时候，他学习模具结构知识；别人下班走了，他加班加点练技术。在干好本职工作的同时，他还先后自学了机械原理、机电一体化等多项课程，日复一日，他的技能水平显著提高。

2000 年，李凯军代表一汽赴无锡进行技术表演，用手工把一个圆球锉削成正十二面体。该制件属立体加工，空间基准难找，定位测量困难，用机械设备加工更是难上加难。令人意想不到的是，李凯军竟然用十多个小时打造了一个精湛的正十二面体：尺寸精度达到 0.01 毫米，相当于头发丝直径的六分之一，所有相邻面的夹角误差不超过 1 分，粗糙度达到 0.2 以上。2007年，在中央电视台"当代工人"节目中，李凯军手持抛光模具用的风动工具在生鸡蛋壳上刻出"工人"两个字，鸡蛋壳里面的薄膜却丝毫没有损坏。

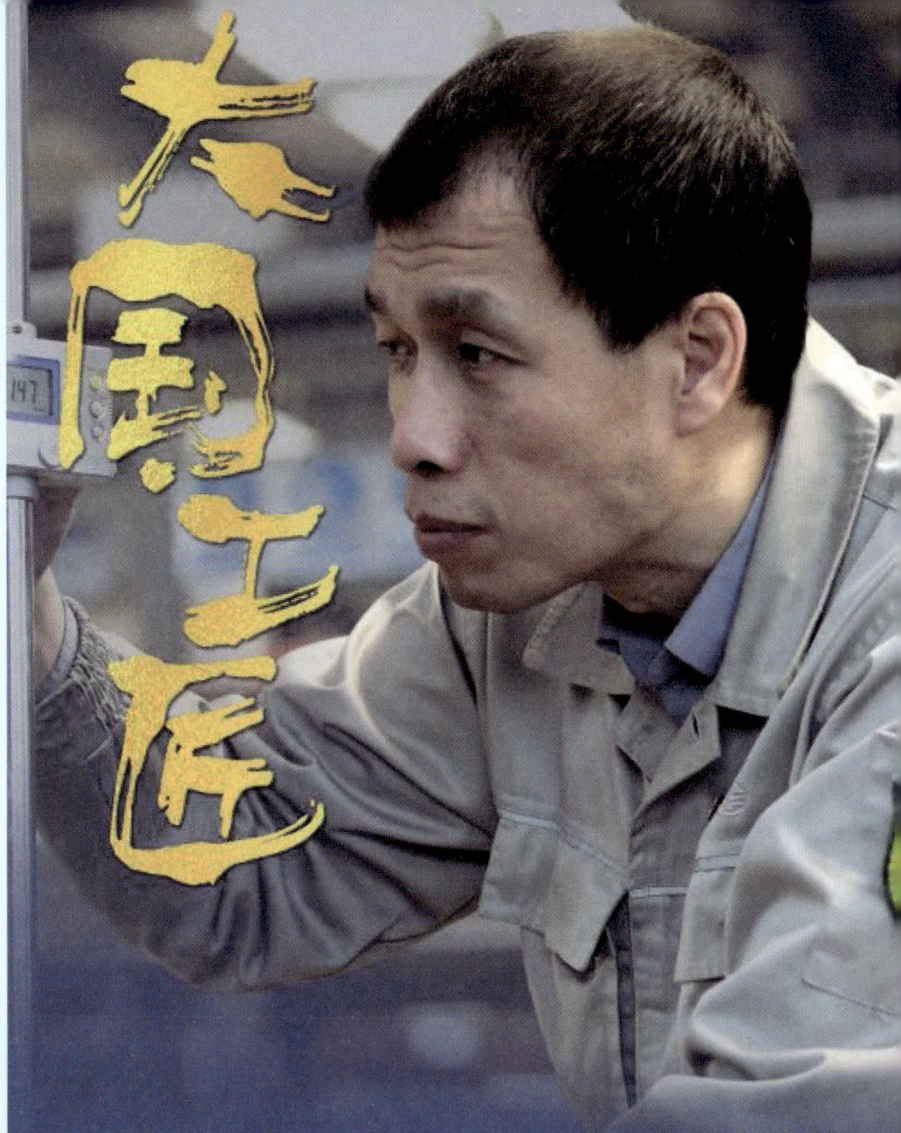

大国工匠

李凯军

中国第一汽车集团公司铸造公司模具钳工，高级技师

模具号称"工业之母"。
五尺钳台上，他铸造的模具"一出手，就跟别人不一样"，
他打磨出的"别样人生"，
也让世界看到了中国制造的精彩。

多年来，李凯军出色完成了"三车一机""五车一机""红旗工程"等繁重的压铸模具制造任务，先后获得集团、市、省、国家级技能大赛荣誉16项。

2002年，李凯军被授予"中华技能大奖"，领取了纯金奖章，这是中国政府对全国所有行业技术工人的最高奖，他成为了吉林省获得此项殊荣的第一人。2003年、2004年，他担任全国首届职工技能大赛和中央企业职工技能大赛钳工决赛主考。2007年，作为中华技能大赛状元，参加《政府工作报告》征求意见和建议座谈会，提出"为我国高技能人才建立政府津贴"的建议被采纳。

高技艺带来大市场

2004年，一汽铸模厂接到了为国外某客户生产油底壳模具的任务，随行的外国专家说："我们在中国考察了一圈，决定来你们厂试试，如果干好了我们还有很多订单，如果完成不了我们就再也不会到中国来做模具了。"

为了一汽乃至中国制造业的名誉，李凯军放弃了大量休息时间，每天晚上都工作到深夜。他充分发挥技术知识全面的优势，同时承担起检查员、工艺员、设计员的职责，全力保证模具的质量和进度。

而就在模具即将完成的时候，他突然接到外方产品更改的通知。为保证进度，李凯军自创了基准转移法、三点定位平移法等多种加工办法解决了数控无法装夹、找正的难题，成功地完成了整套模具。由于该套模具的高质量完成，国外客户又订购了6套共计100多万美元，一汽铸模厂从此全面打开了国际市场。

近五年来，李凯军带领钳工班先后完成了150多套模具的钳工制造任务，套套有改进、件件有创新，累计完成工时4.5万多小时，模具总产值达3000多万元。

严守对精度的追求

"396、397、398……"做完第 400 个俯卧撑，年过 50 的李凯军缓缓起身，大片汗水浸湿了工装。每天早上 400 个俯卧撑，是他常年坚持的两件事之一，另一件是不饮酒。这样做的目的是，加工模具时手上的动作更稳、更精准。工作中，李凯军严格控制每一道工序的质量，不放过任何一个细微的环节，真正做到了精益求精。老式铣床的加工精度在 0.2 毫米，有的数控机床可以控制到 0.03 毫米。而李凯军的双手，能将精度缩小到 0.01 毫米。

更高的精度，意味着能胜任更难的工作、能打开更大的市场。

2007 年 9 月，李凯军接到了奔腾轿车缸体低压铸造模具的钳工制造任务，在模具热配间隙时，为了保证打磨精度，他将半个身体伸进高温的模具型腔内，导致身上多处烫伤，但他仍然坚持认真记录间隙数据，直到模具调试成功。该套模具填补了我国自主研发低压铸造模具的一项空白，为一汽铸

模厂积累了缸体浇注模具配合间隙的宝贵数据。

2009 年，李凯军负责红旗轿车 V6 变速箱前壳模具的钳工制造任务。该套模具是一汽自主品牌重点项目，总重量达 30 吨，留给钳工的工作时间只有一个月，按照常规进度根本不可能完成。李凯军认真分析了模具结构和装配关系，在缺少大型起重设备的情况下，大胆创新，采用"滑块与静模反配、滑块与模具分装"等 8 种改进方法，既保证了模具整体质量，又节约了工期，并且一次调试成功。

李凯军带领班组先后承担了小红旗转向柱支架、奔腾车缸体、缸盖、红旗车变速箱前壳等几十套关键自主模具的钳工制造任务，为一汽自主品牌的快速发展提供了核心模具支撑。

由李凯军操刀完成的复杂模具不计其数，改进创新技术近百项，填补了多项压铸模具制造技术的空白。他完成的大型变速箱中壳模具，得到了国外专家的高度评价，产品远销美国、加拿大、西班牙、墨西哥等国家和地区。

传道授业启后昆

李凯军非常重视对青年技工的培养，受聘担任吉林省长白山技能名师，同时受邀担任长春市高技能人才指导师、一汽高技能人才传承师、部分职业院校特聘专家讲师。

一汽铸造有限公司建立了李凯军培训室，据不完全统计，他辅导过的学生已有上万人，经他直接代培的学员和业内徒弟已有 110 余人。在 2009 年长春市职业技能竞赛中，从李凯军工具钳工高技能传承班毕业的三名学员力克群雄，包揽了工具钳工前三名。2012 年，他的徒弟夺得第四届全国职工技能大赛钳工决赛团体第一名和个人第一名。

李凯军自己，2002 年、2007 年被人社部授予"中华技能大奖"、"中国高技能人才十大楷模"称号；2003 年被全国总工会授予全国五一劳动奖章，

2010 年被国务院授予全国劳动模范称号；2017 年被中国汽车工业咨询委员会、中国汽车人才研究会、中国机械工业企业管理协会评为"2016 中国汽车业十大工匠"；2019 年获评"大国工匠年度人物"。

无愧为当代知识型、技能型、专家型工人。

匠心·匠言

要把握工具精度创造产品的精度，就要严守住人生中言行的精度，要有勤锻炼、不放纵、永坚持的自律。只有那些热爱本职、脚踏实地，尽职尽责、精益求精的人，才可能成就一番事业，才可望拓展人生价值。

（部分文章内容摘自中国第一汽车集团有限公司公众号，李子红）

大庆油田创新能手

——记大庆油田第二采油厂技校毕业生 刘丽

2022 年 3 月 2 日，大庆油田采油二厂第六作业区采油 48 队采油工、班长刘丽作为 2021 年"大国工匠年度人物"当选人，出现在发布仪式现场，流光溢彩的舞台上，手捧奖杯，一身"石油红"十分显眼，闪耀着劳动者的荣光。

"这是属于刘丽的光荣，更是百万石油人的共同荣耀。"由中华全国总工会、中央广播电视总台联合举办的"大国工匠年度人物"发布活动自 2018 年开展以来，本次已是第三届。舞台上，10 位当选者都是所在行业的顶尖技术技能人才，也是劳模精神、劳动精神、工匠精神的优秀传承者。刘丽是石油石化行业唯一的入选者，也是唯一的女性代表。

"择一事，终一生"，从一名普通的采油女工成长为全国劳动模范，从采油小队的巡井路走上"大国工匠"的领奖台。

追求卓越，勇争一流

"大国工匠"是一份至高的荣誉，更是一颗燎原火种。从"大国工匠"

大国工匠

刘 丽

中国石油大庆油田 采油工、班长

赛场上，当金牌选手，做冠军教头；
工作中，树质效标杆，为创新担当。
传承"大庆精神、铁人精神"，巾帼不让须眉，
以技能绝活儿和奉献精神，谱写石油女工的精彩人生。

刘丽清晰而厚重的履历里，流露出浓浓的钻劲和拼劲。

1993 年，刘丽以第一名的成绩从技校毕业，来到大庆油田老标杆采油 48 队，成为一名石油工人。刘丽是油二代，父亲在解放战争、抗美援朝中立过战功，是大庆油田第一批建设者，也是黑龙江省劳动模范。刘丽从小听着"铁人"的故事长大，也在父亲的言传身教中成长。当她像父亲一样穿上石油工服时，父亲告诉她："要当个好工人，干就干到最好。"

这句话深深地烙在了刘丽心里。刚上班时，她总是怀揣一本技术书，白天上井对照实物琢磨，晚上回家整理笔记。工作不到 4 年，她就把采油队所有岗位干了个遍，练就了一身绝技。摸工具便知规格型号，看电流即判井下状况，听声音可辨机械故障，成为一专多能的"岗岗通"。

队领导看到这是棵好苗子，重点培养她。1997 年，经过层层筛选，刘丽赢得代表大庆油田参加全国青年岗位能手技能运动会的机会。备战比赛时，她加码加量地练习，每天只睡三四个小时。两个多月的操作训练，让她疼得直不起腰，膏药敷久了，腰间皮肤起了泡。比赛中，腰部曾骨折过的她背着 35 公斤重的抽油机皮带，只用时 15 秒钟就完成皮带更换操作项目，获得全国比赛第三名，被评为首届中国石油天然气总公司技术能手。

正是勇争一流站排头这股劲，让她在平凡的岗位上一路披荆斩棘：28 岁那年，她被破格聘为采油技师，32 岁被聘为采油高级技师、企业技能专家，35 岁成为最年轻的集团公司技能专家，42 岁成为"全国五一劳动奖章"获得者、荣获国务院政府特殊津贴，43 岁成为黑龙江省首席技师，44 岁成为全国技术能手，45 岁成为全国能源化学地质系统"大国工匠"，46 岁成为全国劳动模范，47 岁荣获中华技能大奖，获得第一名的第一位女性产业工人。

2022 这一年，48 岁的她当选 2021 年"大国工匠年度人物"，登上劳动岗位价值的高峰。

"哪里有生产难点，哪里就是创新空间"

"采油工要想干出水平来，光靠力气不行，提升技能更重要，要把活干得更巧、更快、更好。"刘丽工作之初就有朴素的创新意识。

刘丽在负责全队 50 多口水井的洗井工作时，发现洗井所需工具又多又笨重，操作烦琐。为了省劲，她反复琢磨，想出了把撬杠、管钳、扳手和螺丝刀合为一体的办法，操作工具由四件变为一件、总重量从 15 公斤降为 2.5 公斤，使用时可随意切换，既减轻了员工的劳动强度，又大大提高了工作效率。这让她感受到了技术革新带来的快乐和便利。从此，一发不可收拾。

大庆油田进入聚驱开发阶段后，抽油机井光杆极易被腐蚀导致盘根盒漏油，严重时一天就得更换一次密封圈。采油工一直沿用抠取的办法更换密封圈。"员工换起来费劲，总漏油，密封圈寿命短，影响产量和效益。"小小的盘根盒难题，刘丽看在眼里急在心上，围绕这一难题日思夜想，直到有一

次在转动口红时受到启发：可以通过旋转顶出的原理把密封圈顶出来。她立即着手设计图纸，寻找厂家加工，第一个上下可调式盘根盒于 2000 年投入使用。

此后的 18 年间，她先后又进行 200 余次现场试验，对上下可调式盘根盒进行了 5 次更新迭代式的改进。让采油工在户外更换密封圈，时间从 40 多分钟缩短为 10 分钟，密封圈的使用寿命从 1 个月延长到 6 个月，还使每口井日节电 11 千瓦时。

匠者，精湛极致也。有工匠精神的人，往往追求百分之百的完美。刘丽就是这样，精益求精，追求极致，对自己研制的革新成果，"宁要一个过得硬，不要九十九个过得去"。让油井多产油，为企业多创效，刘丽勇于创新、精益求精，不断突破自己，浑身充满干劲儿。

生产的难题就是攻关的课题。刘丽身体力行诠释工匠精神。她研发的"便携式防喷管"，结束了大庆油田自上世纪 60 年代以来一口井一套防喷管的历史；她研制的"螺杆泵井多功能电缆护管""螺杆泵井方卡子分体护罩""减速箱可擦洗看窗"等革新成果在大庆油田批量推广使用，其中一些成果填补了国际国内技术空白。29 年来，她累计研制技术革新成果 200 余项，其中，获国家及省部级奖项 38 项、国家专利及知识产权计算机软件著作权 43 项。

授业传承，做诲人不倦的塑匠人

2011 年 8 月，在厂里的支持下，刘丽牵头成立了"刘丽工作室"。11 年时间里，"刘丽工作室"从两名采油工起家，逐渐扩大到涵盖采油、集输等 35 个工种，拥有 11 个分会、531 名成员的创效"集团军"。她倾其所学助力石油工人技能提升，培训学员 1.5 万余人，先后走出 6 名集团公司技能专家，65 名高级技师、技师。刘丽用实际行动让石油人才队伍生生不息。

多年来，工作室探索出了"专家技师联合研发、革新工厂自主生产、示范区试用推广"的"研产用"一体化创新模式。在"刘丽工作室"的带动下，大庆油田采油二厂的创新创效成果数量由过去的每年100多项增加到每年300多项，全厂参与创新创效的人数由原来的500人左右跃升至2000多人。

在"刘丽工作室"，"铁人"王进喜的迷你雕像，同刘丽的各类获奖证书摆在一起。刘丽传承的不仅是技术和创新思路，更是一种精气神。"刘丽工作室"的成员邹继艳说："要是没有刘丽，我觉得自己就是一个普通的采油工，管好十多口井就完事儿了。"现在邹继艳是大庆油田公司采油技能专家，有97本采油厂、大庆油田公司、中国石油、黑龙江省级的荣誉证书。

刘丽展现出榜样力量，在不断接力中传承"工匠风范"，像一个火种，点燃了她身边石油工人的石油梦。以提产量、创效益为目标，聚焦生产难题，全力革新攻关，"刘丽工作室"研发技术革新成果1048项，获国家专利174项，推广成果5000余件，创效1.2亿元。"刘丽工作室"曾被评为全国示范性劳模和工匠人才创新工作室、全国职工教育培训示范点、全国"三八"红旗集体，入选新中国70年最具影响力班组。

器物有形，匠心无界。2018年，在集团公司"技能西部行"活动中，刘丽每月参与一次，进行现场讲座，分享工作室运行管理经验。2019年，集团公司建立了技能专家协作委员会，刘丽担任勘探与生产分会主任，组织开展重大技术攻关、跨地区技术服务活动。3年来，她带领133名中国石油技能专家开展重大技术攻关300余次，跨地区推广创新成果97项，取得国家专利704项，技术技能成果获奖2081项，为油气勘探领域技术技能进步提供了有力支撑。

唯专唯精，匠人匠心。面对自己获得的众多荣誉，刘丽说："这些年做了很多技术革新成果，获得了很多证书，但我最开心的还是成果在现场应用，解决了生产上的问题，最期盼的还是我们产业工人队伍不断成长，涌现出越来越多的优秀石油工匠。"

匠心·匠言

　　养成随手改进工作环境与生产条件的习惯，工作中一切不顺手的地方都要改正，随时发现问题、随时革新改善。唯专唯精，只有"钻"进去、"专"起来，才能成为本领域的技能专家，才能有望冲击专家型工人和大国工匠的职业高峰。江山代有能人出，铁人精神永传承。干新时代技工就要超越自己的父辈，淬砺手艺、涵养德行。

　　　　　　　　　　　（部分文章内容摘自《中国石油报》，新麒点）

荒漠探油的石油名匠

——记四川石油管理局技工学校毕业生 谭文波

谭文波，1970年12月18日出生，中国石油集团西部钻探公司高级技师，是集团公司技能专家、特等劳模。从一个技校生，到全国劳模、大国工匠，谭文波将自己的兴趣爱好融入一线生产，把青春和汗水挥洒在边疆的大漠戈壁。他甘于寂寞、精益求精，总是独自一人在厂房里，日日夜夜忘我地创新。

逐梦油田，传承"铁人"基因

28年弹指一挥间。面对着荒漠戈壁，当初只身来到克拉玛依的重庆小伙谭文波无论如何也没想到，作为一名技校生，他会在事业追逐的道路上达到这样的高度。

谭文波的父亲是一名抗美援朝老兵，转业后成为共和国的第一代石油人。家国的际遇让他走上了石油道路，也将"铁人"的基因传承了下来。"作为一个年轻人，就要到祖国需要的地方去，到边疆去。"1992年，刚从

谭文波

中国石油集团西部钻探公司 高级技师

听诊大地弹指可定，相隔厚土锁缚"气海油龙"。
宝藏在黑暗中沉睡，他以无声的温柔唤醒。
他用黑色的眼睛，闪亮试油的"中国路径"。

四川石油管理局技工学校毕业的谭文波面临着人生的选择，是父亲给了他答案。

毕业后的他毅然决然离开家乡，从层峦叠嶂的巴山到巍峨雄壮的天山，从此把根扎在了祖国边疆的荒漠戈壁。初入职场的谭文波来到了新疆石油管理局试油处，成为一名普通的试油工人。第一次来到荒无人烟的油田现场，与家乡的环境相比，巨大的反差让他有些无所适从。

"父亲转业后成为一名石油管钳工人，我现在接过了他的'枪'，怎么能打退堂鼓。"以天为被，以地为床！他忍耐着对家乡的思念，发誓一定要在边疆荒漠中干出个样子来。随着生活环境的改变，谭文波的转变与创造力突然觉醒、生根发芽。

工作之初，他只是单纯的爱思考、爱捣鼓，在现场总能发现别人注意不到的点。动手能力很强的他很快引起了管理者的注意。

1997年年底，谭文波被正式调入负责研发新技术、新工艺，并在现场进行实验与推广的新单位、新岗位。当时，与他一起工作的6个人，只有他一个技校毕业生，其他全都是工程师。

自卑也好，不服也罢，谭文波不想只递递工具，打打下手。每天工作之余，他一遍遍的阅读专业书籍，自学工程与技术的相关知识。不久后，他就独自动手完成了防井口落物护板等工具。"原来自己可以做很多事情"初见成效后谭文波尝到甜头。

突破简陋条件，连创绩效提升

谭文波从小就在"三老四严""苦干实干"的熏陶下长大，参加工作后，艰苦的工作环境让他感触很深，一直思考通过技术改进提升现场简陋的生产条件和工具，提高生产效率。

厂房里一个并不宽敞的房间成了他最初的工作室，角落里堆满了各种的

废旧零件。空闲的时候，他总是鼓捣着他的"宝贝"，近乎痴迷，吃住在单位是家常便饭。

当他如数家珍地说起别人眼中"破铜烂铁"时，不时会得到质疑的声音。但正是这些不值钱的零件和那间不起眼的工作室，为他验证灵感提供了条件，不服输的他走上了不断突破自我之路。

2008年的一天，谭文波在南疆塔河油田施工，一辆装载着德国力士乐液压系统的电缆车的液压泵发生了故障，经供货商服务站检查，决定换泵。从德国更换新泵需耗时半年且价格昂贵，而每耽搁一天，单位就要遭受很大的经济损失。

"不能修只能换？知道你没办法，不就是卡我们的脖子嘛！"内心倔强的他主动请缨，查阅大量资料，在厂房里整整"窝"了三天。最后，他大胆判断，拆了液压泵，利用废旧材料排除故障，使其成功继续作业。这件事为公司挽回经济损失100多万元。打那之后，谭文波的名声逐渐大了起来，大家都知道试油公司有个"土专家"。后来回忆起来，谭文波道出了真实的想法："我们的智商不比德国人差，德国人能做的，我们也能做。"

2011年6月，谭文波发明了废旧电缆再利用的铠接技术，对后来的作业起到教科书般的指导作用。电缆经过铠接后再次投入生产，在提高应急能力的同时实现了直接创效。不到一年的时间，试油公司就在46井次中使用这项技术，节省成本130多万元。

最初，连续油管车排管、倒管作业动辄好几个小时，同事们的抱怨，谭文波记在了心里。2011年8月，他利用捡拾来的材料及零部件发明了连续油管液压助排器，在作业过程中直接将效率提高了5至30倍，大家对他佩服得五体投地。

日复一日地摸索和积累，他鼓捣出了螺杆钻反扭矩背钳、防井口落物护板、改进式防溅器、电动投灰的改进电缆铠接技术、连续油管液压助排器等一系列的小改小革。直到现在，现场有解决不了的问题，大家的第一个反应就是："谭师傅在不在队上，让他来看看。"

没有小岗位，只有大事业

"就像电动车替代燃油车，新型桥塞坐封工具带来的是革命性的变化。"2015年，谭文波发明的具有自主知识产权的新型桥塞坐封工具横空出世，被誉为世界首创，受到极高评价。

传统的电缆桥塞坐封依靠工具内部的火药燃烧产生高温高压气体来完成，但火药在运输、使用和储存等方面存在诸多安全隐患且管理和使用成本偏高，是行业多年来面对的世界级难题。为了摆脱传统火工品坐封方式，谭文波一直努力构思，最终成功替代了传统火工品为动力源的桥塞坐封方式。

2015年7月，对谭文波来说，刻骨铭心。当时他带领研发的新型桥塞工具进入了关键阶段。此时的一个电话，将他打入了谷底，电话那头，传来了母亲因患癌症晚期住院并且病情恶化的消息。从家人的话语中，他知道母亲的生命在以小时计算。

交代好工作，他简单收拾后用最快的速度赶到重庆，到床前陪伴母亲。"见到母亲的那一刻，才意识到，原来因为工作，我已经很久没见到她了。"深深的愧疚，让谭文波心如刀割。

领导打电话关心谭母的病情，并告诉他认真陪护，工作交给别人来完成。可他心里非常清楚，新工具的改进进入关键阶段。最后，谭文波在安顿好母亲后，没待几天，就踏上了回程的路途。

重庆到新疆，几千公里的长途跋涉，马不停蹄地赶回单位，谭文波换上衣服就钻进了厂房。钻库房、跑现场，记不清熬了几个通宵。有时候半夜在家，想起什么好点子，他都会毫不犹豫地赶往20多公里外的厂房，工友和家人都拿他没有办法。7月23日，现场实验一次性成功。

"他一直是一个想干事的人，看到问题必须要去解决，解决不掉他就难受，就把我们单位当作他自己的家了。"同事这样评价谭文波。

今天，谭文波成为大家学习的楷模，但熟悉的人都知道"光鲜亮丽"的外表下，隐藏着他不为人知的辛酸与努力。"自古忠孝不能两全，没有谁是特殊的。谁都有困难，但我是党员，就应该尽我所能。"谭文波说。

2013年，由他领军的"谭文波工作室"成立，2017年被中华全国总工会命名为全国示范性劳模和工匠人才创新工作室，这是他带徒弟、做发明的阵地。

当厂房里的谭文波不知不觉地又忙活了一天，在他面前摆放着各类工具和零件。他用眼睛盯着这些工具和零件，寻找着能够激发设计研发小直径电动坐封工具灵感，这是解决试油带压作业内堵工艺不足的一大难题，也是申报集团公司2021年技能人才创新基金的重点项目。

常年工作在野外，他不仅把照顾家的任务抛给了妻子，还把自己的积蓄毫不吝啬拿出来购买试验器具。他家里堆满了小型车床、电机等各种试验器材，却没有一件像样的家电。坚守大漠戈壁20余载，是油田里的"发明家"。他领衔发明的具有自主知识产权的新型桥塞坐封工具，投入使用上千井次。他解决一线生产疑难问题80多项，技术转化革新成果5项，获得国家发明专利 9 项。

　　一个又一个废寝忘食的日子里，他怀揣初心，在祖国最需要的地方实现人生价值。"没有小岗位，只有大事业！"谭文波再次道出了作为一名劳模，一名工匠的历史使命和时代责任。

匠心·匠言

　　没有小岗位，只有大事业。没有干不成的事，只有不想干事的人。

（部分文章内容摘自《中国石油报》，黄智明）

电能表智能化计量检定的"追梦人"

——记浙西电力技术学校毕业生 黄金娟

黄金娟，首位获得国家科技进步奖的女工人，曾任国网浙江省电力有限公司电力科学研究院高级技师、高级工程师。她扎根电能表计量检定一线，牵头开展技术攻关，实现了电能表检定从人工操作向智能化作业的变革，创造了巨大的经济社会效益，被誉为"醉心钻研的老黄牛""细节之美的追逐者""一项创新取得一百多项专利的大国工匠"。2000 多个日夜，她咬定青山不放松，持续改进、精益求精，成功研发世界首套大规模电能表自动化检定系统，将人均检定效率提高了 58 倍，检定数据信息准确率 100%，人员精简 90% 以上，推广应用创造的经济效益显著。

提出电表检定"机器换人"的设想

电能表，一头连着百姓，一头连着国家，必须经过严格的计量检定后才能安装入户，它的准确性极为重要。35 年来，黄金娟只做了一件事——让电

大国工匠

黄金娟

国网浙江省电力有限公司营销服务中心 高级技师、正高级工程师

35 载，干好一件事；
2000 余个日夜，突破"从零到一"的难关。
她是首位获得"国家科学技术进步奖"的女工人，
也是电能表智能化计量检定道路上的勇敢"追梦人"。

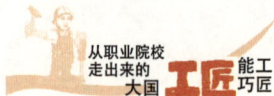

能表的计量检定更快、更准、更好。按传统方法，检定工需要每天眼睛一刻不停地盯着密密麻麻的接线，盯着刻度与报表，快速校验比对，将电能表与接线连接、检定。每天上班都是在重复机械操作，要把每块表上的螺丝一颗一颗地拧紧。几年螺丝拧下来，很多人的胳膊都落下了伤痛。传统的方法采用程控式检定装置，人工挂表、接线、巡检、加封等，大量繁重的机械性重复劳动效率低下、差错率高，而且风险很高。高电压、大电流，严酷的作业环境，给操作员的人身及设备，带来安全风险，长期加班作业，更是加大了安全隐患。

面对电能表更新换代带来的计量检定数量井喷式增长，2006年，她提出了"机器换人"的设想：利用自动化控制技术实现电表智能化检定。同事们都在说这是不可能的，很难实现，黄金娟却没有打退堂鼓。为了找到研发合作企业，黄金娟奔走在电表制造商之间，她的执拗终于感动了一家企业负责人。

2007年，黄金娟提出了总体思路，并带领团队开始了持续6年的研发之路，凭借永不放弃的韧劲攻克关键技术，将设想转化为生产实践。2008年4月，研发计划获浙江省电力公司立项通过，由她担任技术总负责人。2009年，研制出我国首个全自动计量检定工程样机；2010年，进行试点应用；2012年，建成世界首套大规模全自动电能表智能化计量检定系统，检定能力由人均80只/日提升至4700只/日，工作效率提高了58倍，检定可靠性从98%提升至100%……这一成果以技术标准的形式在全国26个省（自治区、直辖市）广泛应用，还被推广到水表、燃气表等检定检测领域，远销丹麦、韩国、马来西亚等9个国家，为我国计量检定技术走向世界奠定了基础。

由于自动化检定流水线当时在国内外都是空白，研发过程中一个个技术难题接踵而来。几年中，黄金娟的生活三点一线，实验室、办公室、食堂；工作三点一线，通宵分析、测算、试验……一个个技术方案推倒重来，再推倒再重来，光是手绘图就装了三大麻袋。

"自动接拆看似很简单，但是里面涵盖了好几项专利。从锥面、U 型直到最后月牙形多曲面的设计，花了将近六年的时间。"黄金娟说。最终，自动拆接装置研制成功，实现了从传统人工用时 45 分钟到 2 秒钟的飞跃，效率提升了 1350 倍。

这条自动化检定流水线的研发，让黄金娟团队获得 121 项专利，软件著作权 8 项。黄金娟个人获得美国专利 2 项，发明专利 18 项，实用新型和外观设计专利 21 项，核心专利获中国专利优秀奖、国际发明展览会金奖。她仍旧没有丝毫放松。始终认为计量检定是一项非常严谨的工作，需要严格规范的管理。她主导制定了一系列标准制度，出版了有关电能计量管理标准的专业书籍。2012 年 3 月，国内首套电能表智能化检定系统在浙江投入运行，近 10 年来电能表智能化检定系统已经累计检定检测表 1.8 亿只，推广效益达 17.93 亿元，黄金娟也当之无愧成了智能检定"机器换人"从零到一的创造者。

坚持不懈醉心科研

从第一代试点的绍兴电能表自动化检定流水线建设，到国网浙电的第四代新型流水线建设，黄金娟始终和技术人员一起奋战在建设第一线。

嘉兴基地第二代流水线建设时期，已 46 岁的黄金娟毅然接受上级领导安排，担任技术总协调人，负责项目技术研发工作。黄金娟与计量检定自动化流水线虽然因此长期与家人分隔两地，但黄金娟毫无怨言，一心一意投身于嘉兴基地建设中。由于时间紧，项目组经常处于"886"的工作状态，黄金娟坚持和年轻技术人员同进同出，好几次累倒在装置台上。黄金娟与同事在计量检定自动化流水线探讨问题即使如此，她也咬牙挺了下来，即使生病住院，也在病好后立即回到工作岗位上去。

在 2016 年建设第四代新型智能化电能表流水线期间，黄金娟依旧带领

中心青年突击队成员深入厂家车间，时刻紧盯流水线运行的每一个环节，对各种细小的运行流程进行精密调试。黄金娟在计量检定自动化流水线上检查拔插虽然测试工作枯燥乏味，但是黄金娟永远像第一次那样一丝不苟，永远像最后一次一样慎之又慎，最终圆满完成建设任务。

她的学生——浙江电科院计量中心运营管理室副主任严华江，从 2004 年毕业后就跟着黄金娟学技术、学操作，他还得到了黄金娟的手抄"秘籍"。"她给我的笔记里全是她手抄的 SQL 编程语言，英文单词下面密密麻麻地写着中文注释。我真的被震撼到了，这样的学习劲头很多年轻人都没有。"

黄金娟身上这种让后辈钦佩的钻劲儿，始于她入行以来专注一件事的精神。1984 年黄金娟进入绍兴电力局工作，在电能表计量检定专业一干就是 35 年。"工作了这么多年，其实我也就是一直想干好电力计量检定这么一件事儿"，谈及自己的成就，她总是轻描淡写。然而，干好一件事的背后却是几十年的持续专注、不懈钻研。

2018 年 1 月 8 日，黄金娟作为首位获得国家科学技术奖的女性工人登上人民大会堂领奖台，其完成的《电能表智能化计量检定技术与应用》被授予国家科技进步奖（工人农民组）二等奖。这一年，中央电视台在系列专题片《大国工匠》中报道了黄金娟事迹，向全国人民展示她在电能计量领域的坚守与创新。

推动电能表智能检定中国标准的国际化应用

2018 年，为了推进浙江省二三级智能表库建设，黄金娟在全省各地到处奔波调研，帮助基层解决实际问题。2019 年以来，黄金娟又带领团队向着另一个更高的目标出发：争取将电能表智能检定中国标准转化为 IEC（国际电工委员会）标准，实现国际化应用，在更大范围创造经济和社会效益。即使退休了，她仍然通过线上交流等方式，带领团队全面梳理了 IEC 草案

《电能表自动化试验系统》中引用的国际标准，并进行了系统性的学习与调研。与电能表生产厂家、相关标准编制专家深入交流，形成了数十个学习文件。她还多次与 IEC 中央办公室工作人员以及 IEC/TC13 主席沟通交流。2020 年 4 月，《电能表自动化试验系统》草案由 IEC/TC13 秘书处发起投票流程，向正式发布迈出了坚实的一步。

匠心·匠言

有连续试验数千次的韧劲儿，才会有登上国家科技进步奖领奖台的辉煌。几十年专注干好一件事，一定可以实现心中的志向和梦想。

（部分文章内容摘自国资委官网，龙静怡）

贵金属冶炼提纯大师

——记金川公司技校毕业生 潘从明

潘从明是金川集团铜业有限公司贵金属冶炼分厂提纯班班长、高级技师，有色冶金正高级工程师。1996年，农村出身的潘从明从金川公司技校铸造专业毕业后，被分到公司贵金属提纯岗位，刻苦学习复杂化学知识，打破发达国家在贵金属冶炼技术上对我国的垄断，完成了从一名学徒到普通工人、高级技师到国家技能大师，再到大国工匠的跨越。

虚心学习，学历与技能逐步提升

潘从明出生在甘肃省武威市民勤县农村，家境贫寒，1996年技校毕业后，进入金川公司贵金属分厂工作。面对着工作台上的烧杯、坩埚和蒸馏器，以及复杂的化学方程式，他没有退缩，而是不放过任何学习机会，从头学起。上班时，他虚心向师傅请教，回家后，自学专业书籍补习相关理论知识。光学习笔记他就写了30多万字，十几年里啃下了120多本专业书，在平凡的岗位上，依靠自己的努力和坚持，自学取得专科、本科学历，实现了工人到工程师的蜕变。

大国工匠

潘从明

金川集团铜业有限公司贵金属冶炼分厂
贵金属冶炼高级技师、有色冶金正高级工程师

扎根戈壁25载，与800多个化学方程式日夜"周旋"，
炼出纯度99.99%的贵金属。
废渣中微光闪耀，"炼"出"稀贵"人生。

攻关工艺与技术，打破对国外的依赖

我国贵金属储量在全球储量中占比很低，如果没有一套世界领先的提纯技术，冶炼后的电解镍渣、阳极泥等，只能作为工业废料被抛弃。"我通过颜色判断出废液中什么物质含量高，并找到最快最简洁的技术分离回收废渣。"潘从明说，颜色判断法的关键不是颜色本身，而是找到相应的提取技术。

铂钯铑铱等贵金属是精密电子、航空发动机、燃料电池、光纤制造等国家高科技产业的关键基础材料。正是因为用心，潘从明攻克了镍阳极泥中金铂钯清洁工艺、铂钯铑铱高效分离技术、贵金属废气净化与回收三大技术难题，改变了我国贵金属冶炼长期依赖国外技术的局面。

贵金属冶炼过程中涉及几百个化学方程式，其中无法在课本中找到的就有近百个，潘从明一直围绕这几百个化学方程式反复思索、不断推敲，以提高回收率、降低成本、简化操作为出发点，模拟实践过无数种精炼工艺，优化，再优化，不断推出多种新工艺、新设施。贵金属产品对于现场环境和作业清洁度的要求，不亚于食品、药品行业标准。从废渣变成液体又从液体变成贵金属，每一种贵金属提取都要经过 20 多道工序，有 200 多个技术控制指标。一粒沙尘、一颗铁屑等都足以导致一批价值千万元的产品无法达到99.99% 的极致标准而被迫返工。

"只要用心就没有干不好的事情，没干好就是没用心"

2009 年是潘从明参加工作的第 13 年，也是他开创有色冶金技术革命的发力年。在此后的几年里，他无暇顾及自己的身体和正备战高考的女儿，将患肺癌晚期的父亲、身患乳腺癌的母亲全权托付给了妻子，没有周末、节假日，吃住在实验室是常事儿。

镍阳极泥是提取金铂钯的主要原料之一，但镍阳极泥中铂钯铑铱绿色高效提取一直是世界性难题，国内技术尤其落后。潘从明凭着一股子韧劲，经过上千次试验后，镍阳极泥中铂钯铑铱绿色高效提取技术试验成功，于2013年完成该技术并实现投产，解决了沿用多年的传统处理工艺对复杂贵金属原料适应性差等难题。

"失败的次数多了比一下子成功更有成就感。"潘从明说，失败了就会找原因，找原因的过程也是学习的过程，积累的知识会越来越多，对试验有更多帮助。

"独木难成林，关起门来搞创新走不远"

单凭一个人的力量，谁也无法托举起中国贵金属精炼的明天。潘从明在搞科研的同时，利用业余时间编写培训教材，主动承担了技艺传承工作，他充分发挥国家级技能大师工作室平台优势，将自己绝技、绝活的精髓毫无保留地分享给同事和徒弟们，并结合自己积累的经验编纂出30余万字的资料和金属精炼工培训教材。

作为国家级技能大师工作室领头人，潘从明先后为行业培养贵金属冶炼人才165名，其中有16名硕士在该工作室成长为贵金属冶炼高级人才。

近年来，潘从明先后承担了国家和省（部）级重点科研项目9项，金川集团重点科研项目16项，完成各类创新项目205项，拥有国家授权专利30项。他凭创新打破我国贵金属冶炼长期依赖国外技术的局面，为我国有色冶金技术的发展作出了突出贡献。

匠心·匠言

刻苦钻研，在提高学历的同时提升技术。心怀国家，以实现技术赶超为己任，不断优化工艺。

（部分文章内容摘自人民资讯，李琛奇　赵梅）

高空中"穿针引线"的桥吊驭手

——记宁波港职业学校毕业生 竺士杰

竺士杰，1980年3月生，宁波港职业学校港口机械专业毕业，曾为宁波舟山港桥吊司机、桥吊班大班长、起重机械操作工，现任宁波舟山港北仑第三集装箱码头有限公司桥吊队副大队长、高级技师、高级工程师，全国劳动模范、"大国工匠年度人物"。从事桥吊操作20多年来，他自创"竺士杰桥吊操作法"，提升了传统桥吊操作效率，为港口节约了大量经费。

练就绝活 挑战更高难度

初中毕业后，竺士杰选择了宁波港技工学校，学习港机驾驶专业（后在该校升级而来的宁波港职业学校学习港口机械专业）。走出技校，经历了一个从龙门吊转岗到桥吊的过程。1998年12月，他成为宁波港的一名龙门吊司机，龙门吊是集装箱码头的第二大操作机型，"当时我非常开心，居然一开始工作就被安排操作这么大型的设备"。

在操作龙门吊时，需要通过调整吊具的位置和角度，将吊具上四个锥形

大国工匠

宁波舟山港北仑第三集装箱码头有限公司桥吊班大班长，起重机械操作工，高级技师，高级工程师

竺士杰

复杂天气、船型不一，他毫不担忧；
动态环境、操作升级，他毫不畏难。
练就百米高空"穿针引线""定海神针"的技艺，
助推企业走上"世界强港"的舞台。

锁头对准集装箱上手机大小的锁孔，当四个锁头全部对准并插入到集装箱锁孔，完成着箱闭锁后，才能将集装箱吊起来。用师傅的话来说，龙门吊司机是在高空中完成"穿针引线"的工作。

3个月后，竺士杰已经可以自如地操控龙门吊，成了师傅的得力助手，但他又有了新的目标。竺士杰对港区里最大的桥吊非常神往，驾驶桥吊对个人能力和操作技术的要求是最高的，因此一个优秀的桥吊司机是非常受人尊重的。那时候每当看到港区里桥吊驾驶员操作巨大的桥吊时，他就非常羡慕，"那时候年轻，有一股冲劲，不仅需要被认同，还想要不断地挑战"。为了有机会开桥吊，竺士杰还专门跟操作部领导提交了申请。

1999年6月，宁波港集装箱装卸业务迎来大发展，公司要从龙门吊司机中挑选一批尖子参加桥吊培训，操作了一年多龙门吊的竺士杰，已是这一行的"高手"，并且开始带徒弟了。可当时，竺士杰毫不犹豫地报了名，按他的话说："我要去做更有挑战性的工作。"

他是第一个报名的，为了挑战心中的梦想和新难度，宁可拿初级工的低工资也坚决转岗桥吊。

在40多米高、8平方米大的桥吊司机室里，竺士杰低着头，熟练地操作着控制台上的手柄和按钮，着箱、闭锁、拉升、落箱、开锁……仅仅一分钟，一个集装箱的装卸便完成了。竺士杰还记得20多年前第一次操作桥吊时的场景，跟着桥吊师傅登上桥吊。桥吊太高了，吊机就有49米高，相当于16层楼高，必须坐电梯进入驾驶室。齿条式电梯一路抖动着慢慢爬升。电梯门一开，他跟在师傅后面一步一步挪，看着脚底下铺的网格都是镂空的，"让人感觉就像悬空行走一样，有腾云驾雾的感觉"。第一次上机他满头大汗地操作了10多分钟，但还是没能吊起箱子，最后多亏了师傅帮他解围。

坐在桥吊驾驶室里，竺士杰看到原来熟悉的龙门吊就跟玩具车一样，在场地里爬来爬去。而在桥吊上面看到堆场上一层一层堆放得整整齐齐的集装箱非常小，就像小朋友搭建起的积木长城。

与龙门吊相比，桥吊的操作难度和劳动强度高了好多倍。桥吊是针对船

来展开作业的，而船是浮在海面上又是晃动着的，同样起吊集装箱，高度增加一倍以上，操作环境也从静态变为动态。

从龙门吊司机中的佼佼者到桥吊司机的新人，竺士杰虽感觉有些许失落，但学习动力更足了，"别人能学会的东西，我没理由学不会"。竺士杰利用休息时间向前辈请教，把操作要诀牢记于心，同时认真总结各种操作方法的不足之处。最终，竺士杰比别人提早 3 个月通过考核，考取了桥吊操作证。

力学分析　开创新的操作法

桥吊班有个"龙虎榜"，每个月只有排名前十的人才有资格上这个榜。在桥吊岗位工作 2 年后，竺士杰的名字就常常出现在"龙虎榜"上了。"别人都以为我得心应手，可我对桥吊操作的疑问却越来越多。"

对于桥吊司机而言，操作桥吊最讲究"稳"，通过移动司机室的小车来稳定吊具，速度才能提高。但那时候竺士杰很少能把小车稳关定位一步做到位，在"靠箱"操作时，推挡总会缩手缩脚，担心挡位推过头，吊具晃动控制不住与被靠的箱子发生碰撞，产生安全事故。每当遇到这样的操作问题时，他的脑海中总是会萌生出一个大胆的想法：有没有更好的操作方法呢？

那段时间他一直在寻找解决稳关的办法，"脑子里一天到晚都是吊具抛物线的运行轨迹，就连吃饭、睡觉也在想"。有一次，他把手机吊坠从口袋里拉出，发现手机像钟摆一样在眼前晃动，他灵光一闪，能不能用钟摆原理解决"稳"的难题？

为了实现这个新的操作方法，他记不清做了多少次试验，他一直在寻找解决行走不同距离、起吊不同重量和不同的箱型种类，在不同船型结构、不同设备性能及大风特殊天气下的作业方法。

新办法使用初期，车子晃、挡位滑，操作起来简直是一塌糊涂，效率一个劲地下降，连续几个月跌出了"龙虎榜"。就这样磕磕碰碰一路做过来，经过一年多时间，竺士杰已经能相对自如地应用新的操作方法了。

针对传统桥吊操作方法中存在的不合理情况，他用力学理论进行分析，用实际操作进行探索，经过一年半的摸索总结，一套"稳、准、快"的桥吊操作法诞生了：原来4个过程的操作法，他只要2个过程，省时省力之外，驾驶室也不再像以前那样"急刹车"，吊具故障基本归零。

功夫不负有心人。2003年，一套"稳、准、快"的桥吊操作法诞生了：新操作法仅需两个步骤就能让秋千般的吊具及货物稳定下来，并精准地落到指定位置，相比老操作法节省了一半以上时间。为了帮助徒弟们提高技能，2006年，竺士杰开始编写手册，将自己研究的桥吊操作技巧整理成系统的操作方法，以他的名字命名的"竺士杰桥吊操作法"也由此产生。

作为宁波港首个以工人名字命名的操作法，"竺士杰桥吊操作法"一经推出，便立即在宁波港得到广泛应用。由于"竺士杰桥吊操作法"操作过程的减少，作业效率大大提高，船公司"在泊效率"也随之缩短，企业节省了大量开支。经过测算与对比，采用"竺士杰桥吊操作法"可为船公司和码头节省4.145万元/艘次（进出作业量为2000自然箱的集装箱船舶）的经济成本。2013年，公司接卸作业量2000自然箱的集装箱船约350艘，相当于每年可为船公司节支1400多万元。

在除去桥吊保养、技改等因素造成故障减少的前提下，"竺士杰桥吊操作法"通过减少手柄回零挡的次数来实现稳关效果，机电设备的大电流冲击少，使得桥吊设备故障率大幅降低，每年可节省维修成本约16万元。由于操作命中率的提高，作业中多余的操作动作随之减少，桥吊所使用的电能也跟着降低，每年可节约能耗近60万元。

传授技艺　培养百余徒弟

在个人技能提升的同时，竺士杰也不忘帮助同事们提高技能水平。2021

年 41 岁的竺士杰，已经带出了 120 多名徒弟，不少"徒子徒孙"成为了操作骨干和精英。如今，他将"竺士杰桥吊操作法"传到了第四代徒弟手中。对一些"笨鸟"徒弟，他"放手"不"放眼"，为了能更好地指导徒弟们操作，一米八、一百八十斤的竺士杰总是缩着身子蹲在驾驶台右侧半平方米的狭小空间里，右手一直搭在"紧停"按钮上，随时应对可能出现的紧急情况，有时为了彻底纠正一个不规范的动作一蹲两三天，手、腿、脚全部发麻，直到帮徒弟彻底纠正动作为止。

为了更好地传授技艺，竺士杰在公司最早引入"视听教材"，采用了视频、图片、PPT 等多诸多素材，有效提升了培训效果。而他的操作法也不断升级，"竺士杰桥吊操作法 2.0"版在原有操作法的基础上，加入了"新型空箱吊具"等新工艺的操作手法，并对桥吊司机的操作心理进行了研究，归纳总结了如何预防急躁型等 7 种常见的不良作业心态。2014 年 9 月，"竺士杰桥吊操作法"动画版制作完成，用三维动画对操作法进行全新演示。在竺士杰的言传身教之下，培养一位桥吊司机较之以前 6 个月的培训周期整整缩短一半，为公司节约了大量的培训费用。

研发创新　屡创行业之最

2011 年，宁波港吉码头经营有限公司成立了"竺士杰操作法推进研究室"，这是一个以"创新"为主题的研究室，研究室由 40 余名生产、技术、管理等方面的优秀员工组成，竺士杰成为这个创新团队的"总指导"，这也是在公司支持下竺士杰由"个体创新"到引领"团队创新"的一个巨大转变。研究室成立至今，开展了多项技术攻关和管理创新研究，组织实施了20 多个研发项目，推进了新技术的应用，促进了生产的发展，产生直接经济效益近 700 万元，其中不少项目创下了行业之最。

如今，竺士杰和他的团队依然以卓越的创新精神不断探索实践，深入挖潜。2019 年，竺士杰对操作法中提高标准化培训能力、安全作业、操作技能等方面内容进行了修改完善。2020 年 4 月，大国工匠系列丛书《竺士杰工作法》在全国发行。竺士杰笑着表示，向更多同行分享这份绝活，感觉自己身上的责任更重了。

方寸空间，一吊冲天，吊车司机工作在很多人眼里是机械化的，只是用吊机把集装箱在岸上和船舶间互相搬运，但在竺士杰眼里，并非如此，只有运用科学方法才能把吊机操作好，才能在港口繁忙的世界里进退自如。

小时候，竺士杰一直生活在"别人家的孩子"的阴影下，他的学习成绩并不拔尖，有时还会因此而自卑。

进入技校后的第一节课，语文老师跟大家说："人在社会上分栋梁跟烧火棍，那些上重点高中今后考上名牌大学的是栋梁，你们考上技校的就算是烧火棍。但是，栋梁有栋梁的用途，烧火棍有烧火棍的用途，只要派上用途为社会做了贡献，就都是人才！"老师的这句话点亮了竺士杰内心的希望，"我的人生路有了目标方向，我上技校做不了栋梁，但是学好技能是可以做一个好使的烧火棍"。

匠心·匠言

敢于归零、敢于从头学起，当工人时要当尖子，当了尖子要去挑战更高难度的工作。无论转什么岗位、晋升什么职级，学习和钻研的劲头都不能松懈，要做让人仰望、大家信服的带头人。

（部分文章内容摘自央视网）

人民币雕刻凹版工艺大师

——记北京国营 541 厂（北京印钞厂）技校毕业生 马荣

马荣，中国印钞造币总公司中钞印制技术研究院（设计雕刻室）高级工艺美术师，是第五套人民币毛泽东主席肖像的原版雕刻者，该肖像为第五套人民币 50 元、20 元、10 元、5 元和 1 元的核心图案。她也是我国第一位雕刻人民币主景人像的女雕刻家，当选为"大国工匠年度人物"。

1978 年，16 岁的马荣和后来成为她丈夫的孔维云考入北京国营 541 厂技校美术班学习。美术班安排了一堂特殊的"课外课"：参观制作人民币的核心部门——雕刻设计室。

设计室高大的房间里，雕刻师身穿长袍，手握放大镜，斯文有礼。孔维云说，人民币雕刻是一个在保密状态下"默默无闻"的专业，背后有着几代钞票雕刻大师的奉献。

1981 年，马荣开始了手工钢凹版雕刻技艺的学习，师从我国第一位女雕刻家赵亚芸。经过 3 次修改，马荣的"处女作"才通过了老师的检验。30 多年后，已经退休的赵亚芸才说，当时就觉得马荣是个好苗子。

追求完美，是赵亚芸给马荣上的第一课，而这股"韧劲"也支撑着马荣默默伏案，一点一线雕刻着自己的艺术人生。

练习雕刻技艺，不仅要忍受长时间伏案的"艰辛劳作"，更需要忍耐"寂寞之苦"。"雕刻师眼中的钞票是艺术与奥妙，需要一刀一刀用心雕琢。"耐得住寂寞，是马荣从老师傅们身上学到的第二课。

说起雕刻刀，马荣有一把视如珍宝的雕刻刀。棕红色的刀把上，半圆形的正面由于无数次使用被手掌磨得油光；刀把的背面刻着一个"沈"字，这

大国工匠

马 荣

中国印钞造币总公司中钞印制技术研究院 高级工艺美术师

运刀如笔，线影传神，融传统于现代，
人民币上有她的印记。
用点线雕刻人生，以技艺塑造国家形象，
用"国际雕刻凹印终身成就奖"诠释"工匠精神"的深刻内涵。

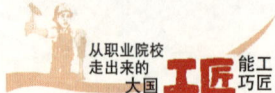

是第一位使用者的姓氏。刀传至马荣，已经过去了一个世纪。在马荣看来，雕刻刀不仅是一件工具，更代表着雕刻技艺和工匠精神的传承。

1997 年，马荣迎来了雕刻生涯的重要转折——第五套人民币原版雕刻任务。

印钞系统组织了多位雕刻师进行竞争性创作，其中包括马荣。为了探索凹版雕刻人像适应新型印刷工艺的规律，马荣决定同时雕刻两块钢版。这意味着她要比别人多付出一倍的工作量。

最终，马荣的人像钢版雕刻作品夺冠，在第五套人民币上永远留下了自己的印记。而她首创的版纹间隔线雕刻法也在此后的数年中不断完善，如今被钞票原版雕刻广泛应用。

2016 年 9 月，马荣则承担起一个新的使命，受意大利国际雕刻师学院邀请，她将前往授课。556 年前，意大利人发明了雕刻金属凹版印刷法。100 年前，中国从国外引入了雕刻凹版印钞工艺。这一天，一位中国女雕刻师却远渡重洋，为来自世界各国的专家学者讲述中国钞票蕴含的东方文化。

匠心·匠言

追求完美，秉承国艺。保持韧劲儿，耐得住寂寞，对每一项事业、每一件作品用心雕琢。

（部分文章内容摘自参考网，高爽）

海洋工程国之重器的建造者

——记烟台工程职业技术学院毕业生 杨德将

2022 年 5 月 3 日，中央电视台新闻频道《焦点访谈》以"工匠精神，铸就卓越"为题报道了烟台工程职业技术学院毕业生杨德将，作为大国工匠精益求精、匠心筑梦的事迹。

杨德将是烟台工程职业技术学院 1996 级钳工专业学生，1999 年参加工作，现为烟台中集来福士海洋工程有限公司管路安装班班长。参加工作 20 多年来，他先后获得"齐鲁最美职工""山东省劳动模范""齐鲁大工匠""全国劳动模范"等多项荣誉称号，是全国五一劳动奖章获得者。

攻克"蓝鲸 1 号"节流压井管汇系统，创造海洋工程行业最高压力纪录

一路走来，杨德将从一名管路安装工逐步成长为国之重器的建造者。作为国内少有的超高压管路一线工人，这些年，杨德将靠着不服输、不气馁的钻劲儿和干劲儿，攻克了 100 多项关键技术，打破多项国外技术垄断。其中，被誉为大国重器的"蓝鲸 1 号"节流压井管汇系统，创造了海工行业最高压力纪录。在这个全球最大、钻井深度最深的超深水半潜式钻井平台"蓝

鲸1号"的建设中，需要对管路进行相当于2.1万牛顿压力的超高压测试。这是全世界没有人敢尝试的压力测试，一旦出现疏漏，后果不堪设想。按原来的打压方式，危险性太大。杨德将反复尝试，终于摸索出一套全新的打压方式，保障了钻井平台的顺利建设。这是目前全球最先进的超深水双钻塔半潜式钻井平台，已经在南海成功试采可燃冰。

回忆起来，进入公司的第一份工作是管装车间的一名普通钳工。一顶安全帽、一身工作服，和管路"共舞"、与钢铁"为友"，一串串脚印踩过5万平方米厂区的每个角落。这是杨德将的工作日常，"面对繁杂困难的工作，我一直坚持不断学习，掌握了很多管路基础知识，对我以后的工作起到了很大的帮助。"杨德将说。23年间，参与近40个海工项目的管路改造工作，包括十余座钻井平台，让他最有感情的莫过于"蓝鲸1号"。

"蓝鲸1号"从建造、交付到成功开采可燃冰再到例行返港维保，杨德将全程参与，"哪根管道有问题，哪里曾重复焊接过，我都门儿清。"每次看到基地里回来维修保养的"蓝鲸1号"，杨德将就像看到自己的孩子一样。

2015年，烟台中集来福士海洋工程有限公司承建了世界上最大最先进的第七代超深水半潜式钻进平台"蓝鲸1号"。杨德将团队负责整个平台精度及清洁度要求最高的高压泥浆系统，在杨德将和团队的努力下，定格在3万PSI的海工界压力纪录诞生了。

"以前我们干这个活儿的时候，压力顶多是1.5万PSI。"杨德将告诉记者，以前这个活儿由国外团队负责，但是费用太高，这对中集来福士乃至整个中国海工行业都提出了挑战。

"3万磅每平方英寸压力"是什么概念？杨德将举了一个例子，"咱们冬天都会用暖气，暖气用之前需要打压，3万PSI相当于466倍的暖气压力。"——也相当于每平方英寸承载2.1吨或2.1万牛顿的压力。

为了完成任务，杨德将拼了。在冬天刺骨的海风里，他记不清有多少次和同事们在露天的井架上，一干就是一整天。"兄弟们干活都这么拼，我们再辛苦，也没有干不好的。"杨德将说。除了工作，杨德将说得最多的还是

"兄弟们"。"事情不是我一个人干的，要感谢一起奋斗的兄弟们。"

2017 年，"蓝鲸 1 号"顺利交付，并在南海完成了我国首次海域可燃冰试采任务，创造了产气量和连续采气时间的世界纪录，成为当之无愧的大国重器。

2019 年"蓝鲸 1 号"再次出征南海，大国重器升级改造，杨德将奉命参加了改造项目。"看到外国人给咱们点赞，我骄傲；看到'蓝鲸 1 号'出征，我自豪，我坚信在母港会聆听到它捷报频传。"杨德将说。

回眸工匠成长路，与自己较劲 23 年

从一名普通的管路安装工，成长为令人敬佩的大国工匠，杨德将走过了23 年。

"那时候，我和 30 多名技校同学来到中集来福士实习，与 9 名同学一起分到了管加工车间，成了管路安装班的一名学徒。"回想起 23 年前第一次走进中集来福士的场景，杨德将笑了，那时的他还是一名刚刚从技校毕业的农家子弟。

俗话说，师父领进门，修行在个人。虽然大家都是从管子划线、下料、破口这些最基础的工作做起，但那时的杨德将却有着不一样的想法。工作服一次次被浸湿，留下一块块白色盐斑，额头的汗水一次次被吹干，手心的老茧长了一层又一层……这些都是杨德将奋斗路上的"勋章"。

因为吃苦耐劳而且表现好，杨德将被安排到一个临时组建的液压班组。有一次在和老师傅们干鲨鱼钳和液压管路时，杨德将亲眼看见爆破的压力附件把保护槽打飞，最后大家只能重新干一遍，才把这个压力试验完成。

"年少的我暗自发誓，如果有一天我自己干，一定要干得比他们好。"杨德将说，在跟老师傅们学习的同时，自己也研究琢磨起各种技术，干活爱跟自己较劲。努力就有收获，2008 年他被任命为管路安装班班长，从此这

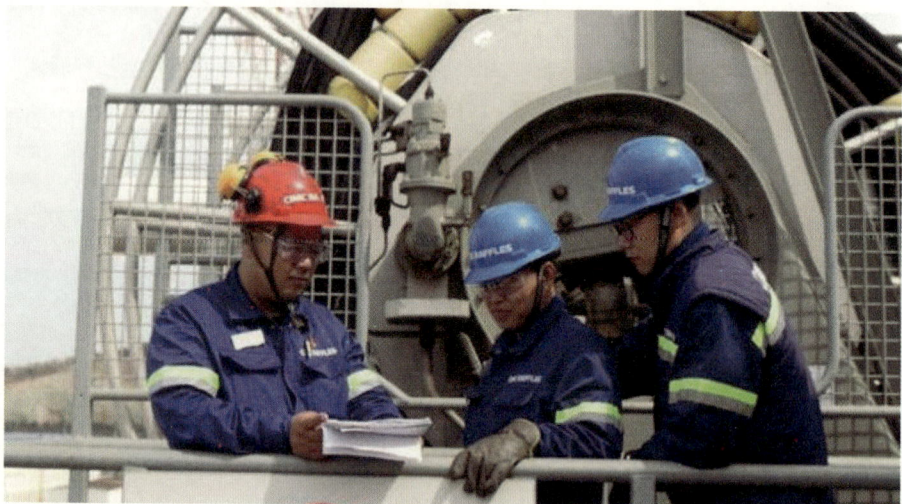

个"拼命三郎"工作起来就更拼了。

2009 年，公司有个杰布森自卸船的管路抢险工作，正常施工时间需要一个多月，而杨德将带领班组成员，用了 7 天 6 夜，基本没休息，把这个工作给拼出来了。"出舱的那一刻，眼睛被阳光刺得睁不开，直掉眼泪，这些都算不了什么，因为我们用实际行动拼出来一个响当当的安装一班的名号。"杨德将说。

2013 年到 2014 年，杨德将带领团队承接中海油服"进取号"、中海油服"创新号"两条平台的燃烧臂升级改造工作。cosl2 是夏天开始改造的，当时是高空舷外作业，脚底下的翘板距离地面 40 多米高，一天要有上百次的走动，高温难耐；cosl3 是冬天开始改造的，他们清理干净翘板上的积雪，用打磨机切割着管件，海风刮得全身冰冷……

"我们要热爱自己的工作，虽然总会有烈日暴晒、风吹雨打，总会面对刺骨寒风，但我们曾经付出过，终会被认可。只管耕耘，无问收获。无论春夏秋冬，每个人必将收获美好的人生。"杨德将深情地说，他所理解的工匠精神是，首先要对自己从事的行业无限地热爱，同时需要持之以恒的敬业、精益求精、创新和百分之百的专注。

RORO1# 是中集来福士为瑞典航运巨头 WalleniusSOL 公司建造的 5800 米车道双燃料冰级系列滚装船的第一艘，2021 年 7 月份已在烟台基地顺利下水漂浮。

该项目满足芬兰—瑞典 1ASuper 冰级和防冻要求，将作为欧洲航道的新生力量加 WALLENIUS SOL 公司提高船队的运营能力，也将进一步巩固中集来福士在高端滚装船国际主流市场的发展基础。

看着眼前的"大块头"，杨德将说，RORO1# 系列滚装船长 241.7 米、宽 35.20 米，交付后可在冰层厚度超过 1 米的恶劣海域中正常行驶。

"我主要负责两条船的管路压力实验前方案制定、关线点检工作、压力实验后报验工作。"杨德将说，此外还负责作业区燃油管线、滑油管线、液压油管线串洗工作报验工作。

近期，他还参与了中集来福士新一代高端海上渔场设备的研发及现场工艺改良课题，成为山东省新旧动能转换的基层实践者。如今，他参与建造的海工装备和特种船舶已遍布世界各个深海。在当年的班主任牟丽君看来，杨德将的天分并不突出，但是他肯吃苦、能钻研，这种精神十分难得。"有了这种精神，还有什么干不好的工作！"牟丽君赞叹说。

在母校成立工作室和工匠班，培育更多后起之秀

杨德将不忘初心，在闷头钻研技术难题的同时，开技术讲座，把培训课堂搬到检修现场，言传身教，培养了一批又一批优秀技工；杨德将懂得感恩，与老师们从没有断过联系，始终十分关注母校发展，积极鼓励学弟学妹们成长。一有时间，杨德将就回到学校，与教师交流、为学生授课、带学生实训，与大家一起探讨和交流如何涵养劳动精神、劳模精神、工匠精神。2020 年 12 月 1 日，杨德将回母校为师生宣讲"三种精神"。他结合自己的学习经历和工作中的心得体会，与师生分享了自己的思考和感受，勉励学弟

学妹立志成才、精技励能，欣然接受了担任学院"首席工匠导师"的聘请。

在回学院作报告、传经送宝的同时，发挥自身优势，积极在学院与企业、学院与技术能手之间搭建桥梁，促进校企融合、联合育人，推动职业教育改革发展走向更深层次。2021年7月13日，烟台工程职业技术学院挂牌成立了"全国劳动模范杨德将工作室"和"全国劳动模范杨德将工匠班"，师生有了更多、更直接与劳动模范面对面交流、学习的机会。杨德将表示："我将不负重托，以感恩之心为学校发展贡献自己的一份力量。"

匠心·匠言

今天工作，明天还要工作，这是工作；今天工作，明天还想工作，这是事业。必须掌握核心技术，方能不受制于人；干一行就要爱一行；干工作不能怕吃苦受累，要有不服输、不气馁的钻劲和干劲，这样才能成为一个"让企业需要"、"让他人超不过、甩不掉"的高职业含金量工匠。敢于实践、大胆创新，在岗位上坚持下来，推进工艺革新，开展技术攻坚，功到工匠自然成。

（部分文章内容摘自《齐鲁晚报》，梁莹莹）

直升机"0.01毫米"精工工匠

——记哈飞技校毕业生 秦世俊

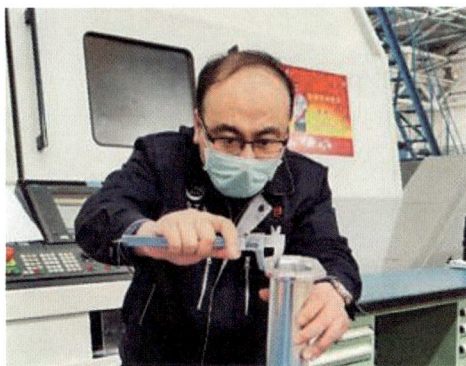

秦世俊为航空工业哈尔滨飞机工业集团有限责任公司（以下简称"哈飞"）数控铣工、高级技师，航空工业首席技能专家。从技校毕业后加入哈飞，从普通铣床练起，自学制图和编程，利用网络查找新的数控加工技术，记数十万字的学习笔记，先后参与直9、AC352、运12F等型号和重大项目研制，累计自制工装夹具400多套，实现技术创新715项，申报国家专利8项，解决多项重大攻关课题，获第24届"中国青年五四奖章"，用一名中国产业工人的担当，助力实现中华民族的航空强国梦。

参加工作仅一年即晋升高级工

1982年6月，秦世俊出生在哈尔滨市平房区一个航空工人之家，父亲与很多亲人都是哈飞的职工。哈飞是中国直升机、通用飞机、先进复合材料构件的主要研发制造基地，同时也是空客等国际知名航空企业的零部件供应商，历史上曾研制生产了我国第一架直升机直5。改革开放后，相继自主

研制生产了直 9 系列直升机、运 12 系列飞机等多个型号，可以说是新中国直升机工业的"摇篮"。在"摇篮"里长大的秦世俊，耳濡目染着父亲讲的"造飞机"的故事，对"造飞机"充满了向往，因此 1998 年报考了哈飞技校模具钳工专业。

在技校里，他如饥似渴地学习。每学到一点一滴的知识，他都觉得离实现"造飞机"的梦想更近了一步。

2001 年 9 月，技校毕业的秦世俊如愿以偿进入哈飞，成为一名航空人。作为技校毕业生，他的起点并不高，虽然被分配到了新兴的数控专业，但开始只能打下手，干些没有技术含量的体力活儿。满腔梦想遭遇冰冷现实，秦世俊有些动摇了。"数控加工根本就不是我的专业，我现在完全没有用武之地。我来哈飞是为了造飞机，不是干些没有技术含量的体力活儿。"

正当他迷茫之时，父亲点醒了他："困难并不重要，重要的是你的态度。数控技术是发展趋势，是新时期产业工人必须掌握的本事！"父亲的教诲让秦世俊重燃斗志，眼前的路也变得清晰了。

他先从普通铣床苦练，细心体会铣削加工的要领。等技术成熟稳定后，他转战数控机床，从零件装夹、机床操作等基础知识开始学起。那段日子充满了苦与乐——苦的是他放弃了所有休息时间，下班后、周末、节假日都奋战在机床前，一点点儿精心加工工件；乐的是他迷上了数控加工这项奇妙而强大的新技术，每次来到数控机床前，他就仿佛见到了最亲密的朋友，变得"乐不思蜀"。

时间不负有心人。一年下来，秦世俊成了操弄数控机床的行家里手，在哈尔滨市数控工人技术比武中，取得了第三名的好成绩，并晋升为高级工。这让他对未来更加充满信心，也更加努力了。

二十岁出头正是爱玩儿的年纪，别的同龄人下班都去休闲娱乐，他却把自己关在屋子里钻研数控技术，专业书籍啃了十几本，学习笔记堆起半米多高。在自学中，他发现自己的理论积淀还远远不够，于是报考了东北农业大学计算机专业，学习制图和编程，决心要牢牢夯实数控技术大厦的理论基础。秦世俊这个在技术钻研之路上一往无前的闯将，始终用汗水为鞭，向着自己心中的梦想策马急奔。

加倍奋发攻坚克难

晋升高级工后，秦世俊没有满足、更没有懈怠，而是加倍奋发、加倍钻研，在高效完成工作的同时，向技术难题发起冲击。

雄鸡初啼，当早起的人们在遛弯儿的时候，一夜没睡的秦世俊还坚守在机床前面聚精会神地加工扭轴。扭轴是直升机的关键件，由于精度要求高、加工难度大、时间节点紧，这个零件成了"烫手的山芋"，车间里一时没人敢接招，但秦世俊选择迎难而上。长长的轴体需要与机床平行装夹，一端固定住了，另一端就会产生倾斜。为了解决零件的装夹问题，他研制出了一套可分解的抱胎夹紧工装。

为了不耽误正常生产，他把试验安排在午夜12点以后，经常一干一个通宵。一次次试验，一次次失败，终于，经过3天近20多次的改进，这套工装终于在轴体的中间位置形成了有效支撑，保证了加工精度，并将生产效率提高了4倍。

一次，在加工某型飞机的关键零件时，由于法国专家对零件加工精度和表面质量要求高且加工周期短，厂里面临困难。这时，秦世俊主动请缨，与法国专家反复研讨、交流和试验，最终确定了加工方法。当一件件零件完美出炉时，挑剔的法国专家禁不住竖起了大拇指。

打磨技术成"工人院士"

秦世俊他付出的青春和热血，在前进道路上不断结出硕果。2004年，在全国同工种技能比武中，取得哈尔滨市第一名和黑龙江省第四名的好成绩，并破格晋升为高级技师，还拿到了通往全国赛场的"入场券"。

喜讯传来，身边人都为他高兴，纷纷鼓励秦世俊"这次一定要在全国拿个好名次回来"。但秦世俊的选择却出乎所有人的意料，他毅然放弃了继续参赛。原来，继续参赛需要大量的准备时间，而公司的生产任务已进入攻坚阶段，因此在认真权衡后，他选择继续坚守工作岗位。"大赛确实能给我历练和成长，但我肩负的责任却更重要。哈飞，就是我的根、我的家、我的魂，在需要我的时候，我必须坚守岗位！"

在随后的整整七年时间里，秦世俊没再参加任何比赛，把所有的时间和精力都投入到科研生产中。2018 年，秦世俊荣获了"中华技能大奖"，这是我国高技能人才的最高政府奖项，他被誉为"工人院士"。而面对如此殊荣，秦世俊却很平淡，他说在"工人院士"这四个字中，他永远看重的是"工人"，这颗初心不会变。

在带领年轻数控铣工攻关直升机前起落架关键件外筒加工的日子里，秦世俊反反复复试验，连续奋战七个日夜，言传身教感动了年轻职工。

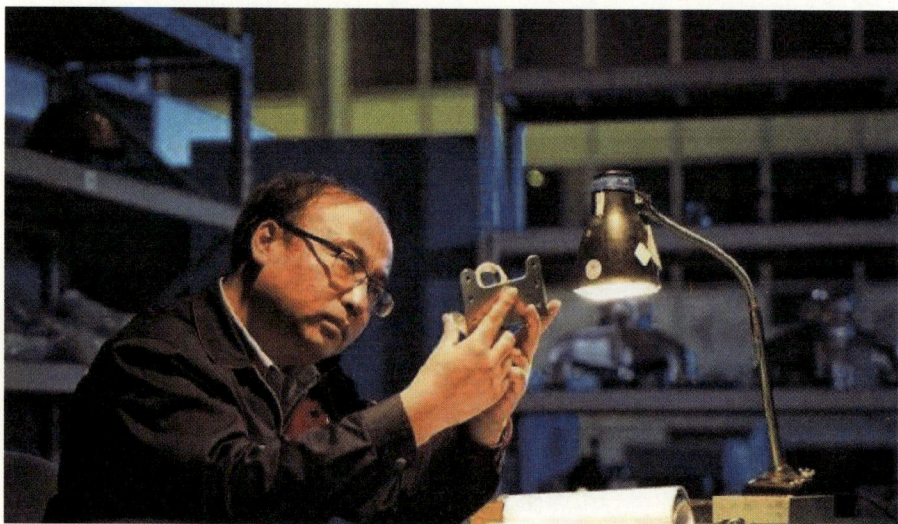

传道授业打造直升机零件精工团队

秦世俊觉得只有技能工人的整体队伍真正强大了，他所致力追求的"航空梦"才能早日实现。2014 年，哈飞成立了"秦世俊劳模创新工作室"，团队中有劳模、骨干和相关工艺、编程及检验人员，围绕飞机起落架和旋翼零部件生产，展开技术创新、技术攻关和技能传授等工作。一次，机加工段在加工某一批零件时出现问题，他立即指导工作室的 3 名技术人员逐一排查生产流程记录，进行"会诊"，最终使问题得到解决，该批次零件一次交检合格率由原来的 10% 提高到了 99.9%。

身为团队的领头雁，秦世俊以身作则主动与年轻人分享经验、分享妙招、分享心得，带领大家朝着高素质、高技能的方向共同成长。秦世俊像一面旗帜，不仅用高超的技术帮带团队成员，更用人格魅力影响着团队中的每一个人。现在，他的劳模创新工作室已经成为技能人才培养的加速器，他所带领的班组担负着车间 60% 的生产任务，参与研制生产关键件 40 余种、重要件 90 余种、一般件 200 余种，全年创新创效及改进改善项目 40 余项。

如今，秦世俊工作室成员都已成长为公司科研生产的骨干，工作室也被中华全国总工会命名为"全国示范性劳模创新工作室"。工作室以"攻难关、喜发明、爱创造"而著称，成为职工公认的难题攻关基地和人才培养摇篮。

2020 年，秦世俊先后获第 24 届"中国青年五四奖章"、第十四届航空航天月桂奖的"大国工匠"头衔。荣誉加身的秦世俊并没有被光环所羁绊，仍在向自己一生追求的梦想不断奔跑。只要站在机床前，他就仿佛还是当初那个追梦少年，心系祖国，情系航空。

匠心·匠言

即使学非所用，也要坚持学习岗位所需的专业技术。从陌生到熟悉、从外行到行家，时间是不会辜负任何一个有心人的，每份付出终有回报。平衡好突出个人与维护团队、参加大赛与完成工作任务的矛盾，牢记肩负的责任更重要。以工作为根、以企业为家、以职业为魂，在工作需要自己的时候，不顾任何其他情况坚守岗位。

（部分文章内容摘自参考网，王衢）

油气集输技能大师

——记胜利石油学校油气储运中专班毕业生 张春荣

　　石油被称为工业的"血液"，而油气集输则是汇集输送"血液"的循环系统，负责对油井采出液进行油气水分离、原油脱水、污水净化、天然气回收以及输送任务，从事这项工作者，堪称石油化学工业的"血管净化师"。1973 年出生的张春荣，技校毕业到胜利油田工作后，两度在中国石油大学（华东）远程教育学院提升学历至本科，四次被破格晋升，现为中石化胜利油田现河采油厂油气集输管理中心高级技师，是胜利油田油气集输领域工人技术创新的杰出代表、中石化集输工技能大师。先后获得中石化技能大赛金奖、全国五一劳动奖章、全国三八红旗手、山东省劳动模范、齐鲁金牌职工、齐鲁首席技师，享受国务院政府特殊津贴。2021 年，被山东省评为"2020 年齐鲁大工匠"，中国能源化学地质工会授予她"2021 年能源化学地质系统大国工匠"荣誉称号。

　　作为中石化开发板块唯一的女技能大师，现河采油厂集输大队的高级技师张春荣，参加工作二十多年来始终扎根一线，坚持学以致用，聚焦解决油气储运难题，矢志创新攻关，累计创效 6200 多万元。

张春荣坚持着眼于行业领先，立足岗位创新创效，努力创造更大价值。针对原油稳定系统轻烃拔出率低、耗能大的难题，提出并实施天然气压缩机残液不停机回收工艺和"加热炉流体形态"优化方案，使联合站每天多产轻烃1.6吨，年节省天然气55万方，累计创效816万元。针对清罐油泥砂含水高、处理费用高，严重影响污水罐排泥这一难题，提出引入叠螺式压滤装置对清罐油泥砂进行预脱水的建议，实施后，污泥含水由95%降至45%以下，年节省清罐污泥处理费用218万元。

多年的一线工作，让张春荣练就了快速判断分离器分离效果等5项绝活，成为油田集输系统操作规范；提出产、输、分、沉节点分析和"321"原油脱水全过程控制法，取得节能降耗和减本增效双重效果；修订技术标准23项，在集输站库信息化建设中全面应用；主持编写的《集输工（信息化）》等3部教材在中石化或胜利油田推广应用。

张春荣倾心带徒授艺，先后到胜利油田12个二级单位基层班站授艺解难28次，解决生产难题95个。被聘为胜利油田兼职培训师和5家二级开发单位的"新员工成长导师"。近年来，她先后带徒68人，1人在中石化技能竞赛中获得金奖，15人在油田技能竞赛中获奖，27人晋升为技师、高级技师，创新实施的"点题、破题、汇题"岗位练兵三步法等4项成果获山东省职工培训教育创新成果一等奖。曾荣获"全国五一劳动奖章""全国三八红旗手""省劳动模范""齐鲁工匠""齐鲁首席技师"等称号。

在中国石化胜利油田现河采油厂集输大队，坐落着目前胜利油田唯一一座油气集输创新培训综合基地——"张春荣创新工作室"。走进工作室，"融智创新、智造光荣"8个闪光大字展示了这个创新团队的精神。

以"春荣创新工作室"为依托，她积极发挥工作室技术攻关、技术创新、技术交流、传授技艺的引领作用，带领团队成员研制的组合式注水泵柱塞，解决了从箱体侧填料取不出、工作量大的难题。研制的采出水密闭取样装置已在现场推广应用30套。

近年来，张春荣带领团队提出合理化建议286条，完成创新成果61

项，撰写论文 35 篇，主持完成的 5 项成果获全国能源化学系统创新成果奖，5 项获国家优秀 QC 管理成果一等奖，2 项获全国设备管理与技术创新成果二等奖，7 项成果获省部级奖励，取得国家发明专利 1 项、国家实用新型专利 24 项。

匠心·匠言

　　技术要学以致用，以用促学，运用技术创造效益。将所学技能用来解决生产中的实际问题，既带动自己和身边人成长，又为企业做贡献。

（部分文章内容摘自中国山东网）

黄金珠宝行业的商业服务明星

——记北京城市学院毕业生 王迎

王迎，1979年12月生，1998年考入海淀走读大学（现北京城市学院）理工学部珠宝鉴赏与工艺专业，2001年7月毕业后一直在西单商场黄金柜台组任营业员。她从一名普通的营业员成长为全国的劳动模范，全国劳动模范，先后获得"珠宝设计小行家"、"北京市青年岗位能手"、"北京市经济技术创新标兵"、"北京市商业服务明星"、"中国商业服务明星"、"全国黄金珠宝首饰行业技术能手"、"首都劳动奖章"、"五一劳动奖章"等多项荣誉。

专业基础是优势

初入行时，在西单商场黄金珠宝柜台组的110多名营业员中，王迎是年龄最小的，但老顾客们都认为她最善解人意，最了解顾客心理。工作上的出色表现，与她在职校所打下的专业基础是分不开的。在走读大学中，她系统地学习了岩石学、宝石学、宝石鉴定法、宝石镶嵌工艺、首饰设计等相关课程，具备了较扎实地专业功底。另外学校安排的各种专业实习实训，也给王迎打下了重要的技能基础。她曾到北京珠宝市场进行调研；去云南的珠宝生产和加工基地实地考察；在中国珠宝玉石检测中心学习钻石分级课程；到珠宝首饰镶嵌厂实习；利用课余时间考取职业资格证书等。

在大学的学习中，王迎就养成了一种良好习惯：总是踏踏实实，细心观察，勤于思索，考虑怎样更好地把理论知识应用到实践当中去。课余时间阅读相关的专业书籍，努力扩充自己的知识面；对于珠宝，在通过仪器识别的基础之上，她还努力锻炼自己肉眼识别的能力，提高自己的实际操作能力。

迈好工作的第一步

步入工作后她总想将书本上学的知识运用于实际，不满足简单的一买一卖。在集团开展"星带星"劳模带徒弟的活动中，她拜"全国劳动模范"任月征为师，虚心学习师父怎样热情接待顾客，如何介绍商品，遇到特殊顾客怎样耐心服务。她一边看，一边一一记在心间。她还经常与师父交流工作经验，切磋业务知识。珠宝首饰销售需要丰富的专业知识，其种类、产地、含量、保养各不相同，技术性、文化性比较高，并具有较高的鉴赏性。

为使顾客能在购买商品的同时，做到物有所值，服务超值，品味升值，需要营业员具备较高的文化底蕴，丰富的商品知识和熟练的业务技能。王迎购买和订阅了《钻翠珠宝》、《珠宝知识问答》、《中国黄金报》等专业书刊，努力汲取其中营养，提高业务知识。她利用休息时间有目的地走访市场，研究珠宝首饰的流行动态，揣摩顾客的消费心理特点。她为了系统地掌握珠宝检测技术，利用周日珠宝检测专业人员在商场检测的机会，虚心学习请教。经过一段时间不懈的刻苦钻研，王迎熟练掌握了衡量钻石的4要素（4c）标准，能从不同的侧面凭感官判断钻石的优良等级，获得了NGTC钻石分级资格证书。这些积累，都为刚刚开始的王迎打下了好的基础。

随着业务能力的不断提高，她多次获得集团销售状元和服务明星的奖

励，销售额多年在集团名列前茅，参加第二届全国黄金珠宝首饰行业营业员技能大赛，获得第六名。

创出"个性设计"的服务品牌

在王迎的概念里，服务行业的永恒主题就是满足顾客的需求。而在这日臻成熟的消费市场，顾客的消费意识也从盲目地追赶潮流，转变为对商品理性的选择，因此服务也要随之发生变化。这就要求商业销售人员在深入研究商品特点的基础上，及时洞察市场走向，透析消费动向，用新颖的服务方法满足商品市场需求，从而达到促进销售的目的。

有针对性地研究顾客的心理，为他们解决实际问题。有一次，一个小伙子来到黄金珠宝柜台想要选一枚钻戒向女朋友求婚，挑遍了柜台所有款式都不满意。王迎依照他的想法在白纸上勾勒出一枚戒指的形状，"你看，这款钻戒用铂金做底托，突显心形，代表一心一意；两个金属的心形爪抓住一颗璀璨的钻石，象征你们的爱情永恒久远。"小伙子看到王迎的设计，感到非常符合他的要求。他恳切地希望王迎能把这张设计图变为现实。

王迎利用整整两晚时间画了一幅正式的首饰设计图，并多方与各首饰加工厂联系。因为活儿小，人家都不愿意接。但是王迎说服厂方应该看到潜在的商机，最终厂方的负责人终于接受了她的建议，同意帮忙加工。最后，当顾客看到加工好的钻戒时欣喜万分，还盛情地邀请王迎参加他们的订婚仪式。

善于观察和思考的王迎从顾客的需要中看到了新的商机。王迎想能不能把首饰设计定做，形成专柜，作为一项特色服务呢？于是她积极与厂方沟通，开发了首饰设计定做项目。黄金珠宝柜台增设的定制款式个性设计项目，很快为黄金珠宝柜台打开了新的局面。她曾为走过五十年美满婚姻的老夫妇设计金婚钻戒；为出席各种盛大宴会的嘉宾设计领带夹；为即将踏上红地毯的恋人设计"永结同心"情侣钻等等，不断推出的新款设计让消费者享受到了超值的服务，也使她"珠宝消费设计小行家"的美称不胫而走，并被评为北京市经济技术创新标兵。

在创新中服务，在服务中创新

秉持"顾客需求在哪里，我的服务就延伸到哪里"的服务理念，王迎的个性设计及搭配服务法、个性推荐服务法等抓住了每一位顾客的心，从而使商场黄金珠宝区的销售节节攀升。

有一次，黄金珠宝柜台引进了一批"路路通"，市场前景看好，但试销后没有达到预期效果。王迎经过研究分析，发现不是商品本身存在问题，而是没有抓住顾客的消费需求。她将十几种颜色和质地的彩绳与"路路通"坠搭配，最终选择了黑色和棕色的皮绳，使一度滞销的吊坠成了畅销货。之后她又推出了"搭配服务法"，用手工编织的中国结与黄铂金狗年生肖符项坠相结合，编织成多种颜色、样式不一的绳编链。再创销售狂潮。

无数次的挑战给了王迎无限的工作灵感，更激发起她将创新融入服务的热情。王迎说："不是我追潮流，而是让潮流追我，我要做潮流的引领者，让更多的消费者感受到宝石的璀璨。"正是她的特色服务，很多顾客慕名而来，这为她赢得了更多的顾客和更大的市场。

王迎始终认为：世界是矛盾的，柜台是社会的一个小小角落，作为一名商业营业员，要不断树立新的服务理念。顾客总是对的，需要改进的永远是我们自己。顾客才是真正的"上帝"，市场的需求就是商业服务的出发点。顾客对服务有无尽的需求，唯有抓住顾客的心理，不断创新服务，才能创造机会、创造财富。市场是个广阔的天地，没有过时的商品，只有过时的服务。不断推出具有特色的服务方法，才能赢得顾客，赢得市场。宝石也需要金质服务去镶嵌。

坚守平凡　展放真我

很多领导和同事都说，王迎自从参加工作就少有一般年轻人身上的浮躁情绪。很多大学生都觉得站柜台没意思，没发展，不久纷纷离开。可王迎却一门心思的在珠宝服务这个行业里踏踏实实工作，那不大的售货台就是她灵动的小天地，她认真学习师傅的长处，遇到问题总是积极想办法解决；讲求工作质量，对服务精益求精。为了使个性化设计的珠宝款式达到顾客想要的效果，让顾客满意，王迎经常利用自己的业余时间去做调研，来保证自己能够把握顾客心理，走在时尚的前沿，为有需求的顾客设计出满意款式，于是在这个平凡的岗位上收获了无数肯定，绽放了真我的风采。

王迎说，能取得今天的成绩，值得感谢的人太多了，正是大家的无私奉献成就了王迎。而走入北京城市学院是她人生的一个转折点，更是一个新的起点。在学校里学会了学习、学会了为人、学会了处世，这是人生当中最美好的一段记忆。作为校友会的成员，能够经常回到母校，看到同学们带着一张张快乐的笑脸和对未来生活的期待表情，她觉得回到了自己的学生时代。现在的她只能用更踏实的心态，更好的服务来回报她的家庭、她的母校、领导同事以及帮助过她的每一个人，从而回报整个社会。

匠心·匠言

服务有特色为从事服务业的职校生立身之本，从事服务业就要以服务的特色取胜。紧盯消费升级趋势，注重个性化服务，为客户提供定制化、贴近其个性需求的产品。顾客需求在哪里，服务就延伸到哪里，抓住顾客的心理，让自己在消费行业的服务创新总能踩在时尚的节拍和顾客的吃力点上。

（部分文章内容摘自北京城市学院官网）

问鼎水下智能装备大国重器的闯将

——记天津职业大学毕业生 韩野

2022 年 8 月 20 日，天津广播电视台广播新闻中心报道了天津职业大学毕业生韩野创办天津昊野科技有限公司，专攻水下装备、研制成功水下推进器，作为北京冬奥会火炬传递机器人的动力装置，实现奥运史上首次机器人水下火炬接力的事迹。

身高一米八的大块头韩野豪迈地说："今年冬奥会首开机器人水下火炬接力的纪录，就离不开我手里这个推进器！我是职业院校出身的，没想到咱也为冬奥会做了一份贡献。"

关注职业教育

冬奥会火炬传递机器人动力装置——水下推进器研制项目，本来是由中科院沈阳自动化研究所承接的，只给了天津昊野科技有限公司这家水下装备研发生产企业三个月的时间，要求在水下实现厘米级的控制。"天气、温度、环境，每一项都是考验，"因为要传递火炬的机器人本身体积就不大，对推进器的尺寸要求就更为严格，"十几厘米的小尺寸推进器里要实现几百牛的推力，以前从来没有过。"为了让水下推进器的各个元件运转更精确，韩野和他的团队反复调试，还寻求了河北工业大学国家大学科技园的合作，共同攻坚三个月终于做出了满足技术需求的产品。韩野团队研发的水下推进器为冬奥会火炬传递做出了独特的贡献。

职校生专泡实验室、搞竞赛

1991年出生的韩野，三十出头，却已创业近十年，是一位典型的"职业院校优秀毕业生"。2010年，韩野高考发挥有些失常，成绩刚好卡在本科和高职类院校之间。他心里清楚，自己从小虽然成绩一般，但有一科特别突出，那就是物理。"小男孩都对电啊、磁铁啊感兴趣，从小我就老拆家里东西，电视、洗衣机……，有时不小心被电一下，装回去时老骄傲了。"因为拆东西韩野没少挨揍，不过就此练就了不错的动手能力。在填报志愿时，他毫不犹豫报了机电工程与自动化专业，这也是他的母校天津职业大学的优势学科。

刚上大一，韩野就参加了学校的电子类社团，知识技能刚学了一个学期，就被师哥们拉去参加了2011年全国职业院校技能大赛。"刚学了个皮毛，好多课还没上呢，但那会儿参赛需要三人一个小组，我就是临时被抓去当替补的。"结果如他所料，只拿了个优秀奖，不过这却给年轻的小韩打开

了新世界："大赛一般都是几个方向，像我们电气和自动化一般有做控制类、电源类、模拟类、高频类的，不仅是给你一个命题，还要引申应用，说白了就是你得做出个东西来，限时三天完成。那会儿基本不怎么睡觉，困了就旁边眯一会儿，突然有了想法就马上起来继续做。"

正是这样高强度的大赛第一次给韩野开了眼界，原来职业院校里藏龙卧虎，身边有这么多"大牛"，老师也看中了他头脑灵活思路清晰，特别是抗压能力不错，是个好苗子，直接就把大一的韩野招进了自己的实验室，从此以后他几乎每年都泡在实验室里，课业学习之余专门搞竞赛。

带领参赛团队做产品，学校为就业创业助力

大二那年，韩野为实验室招了好几个师弟，自己组队伍参加电子类大赛、机器人大赛。"那年，天津市组织一个高校创新创业大赛，我们因为产品成熟获得了一等奖！"职业院校的学生在高手林立的本科生中突出重围，这让年轻的韩野明白，只要能力过硬、产品过硬就能闯出一片天。"你可能不信，当时我们的产品就是现在满大街都能看到的智能窗帘。这两年不算是个稀奇物件，可在十年前还算是先进的。"韩野语气中透露着自信。

马上，就有人找上门来，让韩野的团队帮他们做产品，向来重视学生就业创业的天津职业大学也为他们提供了良好的实验平台，仪器、设备一应俱全；学校还给参加大赛的学生们出经费，购买元器件。就这样，产品一个个地从实验室走进了工厂，智能窗帘、智能门锁、智能灯、调节屋内温湿度的控制器、自动化流水线，这不仅让韩野他们信心大增，还积累了创业的初始资金："真的是感谢母校，因为在学校创业接项目时成本低啊，人力成本为零、场地设备成本都是零，每个项目赚得不多但也有几万块钱，这样我们就能报价比别人低，利润还是挺可观的，到了大三一个意外的机会让我开始自己创业。"

20 万的项目开启职校生创业路

2013 年，临近毕业的韩野接到一个报价 20 多万元的项目，贵州某大坝希望韩野的团队做一款水下巡检机器人代替"蛙人"下水。以前，大坝每年都要检修一次，主要靠蛙人穿着厚厚的潜水服戴着护具下水，大坝水下情况复杂、水流湍急、能见度差，工作危险系数高，因此国内多个大坝开始用机器人替代人工下水进行定检维修。

"我原本想法很简单，做一个机器人，弄个电机一带就完了，就这样接触到了水下机器人。"项目进展很顺利，"后来发现我得给人家开票啊，这才注册了自己的公司，天津昊野科技有限公司就是这么来的，这是逼着我创业啊！"风趣幽默的韩野继承了天津人骨子里的哏都风格，一下子把大伙逗笑了。天津职业大学帮韩野对接了所在地北辰区团委，帮他找到了合适的厂房："条件特别好，200 多平方米的场地正好适合我们生产，而且头一年还免费"。

在后续服务客户的过程中，韩野先后接到了多个同类型的项目，却发现了一个问题："我们国内水下机器的核心装备还是一直受欧美国家卡脖子，像水下推进器，包括里面的一些传感器，只能从国外买，价格高、周期长，最麻烦的是对我们有很多限制，比如说一些特殊型号像超过 1000 米深度的水下推进器是不向我们国家销售的。"

率先选准水下推进器领域早介入

敏锐的韩野一下子捕捉到了这个机会，水下推进器应该是下一个蓝海，他马上将公司的发展方向调整到专门做水下推进器。"2013 年到 2017 年，我们做了很多基础性研究，比如说密封的结构、高功率密度电机、超小尺寸控制器等等。"

那时，国内做水下装备的企业本就少，韩野团队率先选准这一领域早早介入。经过上千次实验，分别攻克了大功率电机、深海压力测试、缩小推进器体积等难题。"这上千次实验就像是排列组合，既要兼顾电机性能、功率，还要大幅降低体积，为此我们先后拜访了河北工业大学、清华大学、哈尔滨工程大学、上海交通大学，专家们在关键节点上给出了非常重要的项目评审意见。"

在专家学者的帮助指点下，通过多次反复试验，韩野团队在2017年终于迎来了突破，推进器先后在我国南海、印度洋进行了多次整机实验，通过改进工艺设计，尺寸终于降到了原来的1/10。

2017年底，天津昊野科技有限公司在中科院位于三亚的深海科学与工程研究所完成了135兆帕打压实验，这意味着他公司的水下推进器通过了13500米深度测试，到现在为止还保持着这项世界纪录。

以核心技术促产品线突围

拥有了自己的核心技术，韩野的公司也迎来了产品线的突围："只要国外有的所有型号我们全有，国外不允许向国内进口的这些型号，我们现在也都有了，实现了当初五年内全面打破欧美垄断的目标。"以前韩野的公司从立项、确定参数、设计图纸、加工、组装、调试各个方面都在靠几个初创人员改进测试，大家经常工作到凌晨，经过四年多的技术积累，又一次次改变企业的产品研发方向，他们开始向市场提供技术高、质量优、系列化的高端产品，为水下装备行业提供最优解决方案。

2016年起，韩野的团队实现飞速发展，员工从6个人增加到42人再到如今60多人，研发人员占总人数的38%。这几年，公司的人员在变、结构在变，但韩野有一个招聘思路从没变过："我们面试时不看出身，都直接考查动手能力，会有一些具体的任务，比如说你是学机械设计的吧，你上手给我画图，电子类的你给我编程，其实这也是现在职业院校的培养方向，不

是说我们印象里的程序员都是本科、研究生出身的，动手解决问题的能力更重要，所以现在我们公司里职业院校毕业的人也占到了 1/3，其中不少人还是自己的师弟。"

问鼎深海关键技术与装备的大国重器

走出学校近十年，韩野的创业路并非一帆风顺，但恰好他的每一步都踏在了关键之处，这源于他对市场、对前景的敏锐感知："咱们国家'十三五'的指南里边就写到了深海关键技术与装备专项，里面有很多个项目要做，比如说大深度、深渊类的装备，虽然说我们没有接到需求，但我感觉这东西肯定要做，就跟我们现在说的新基建方向，既然国家有需求，就肯定要有人做。"

正是这领先一步的理念，让昊野科技逐渐走上正轨。2018 年，他们和中船重工 702 所、哈尔滨工业大学联合制定并主笔我国首个潜水器电力推进器国家标准，随后企业被认定为国家高新技术企业，还发布了我国首个全海深推进器并实现系列化产品打破垄断填补国家多项空白。

韩野公司的产品万米推进器搭载"悟空号"打破并保持世界深潜纪录，助力双潜水器"奋斗者"号和"沧海"号深海互拍，创造了 10909 米的中国载人深潜新纪录。

抢风口、先人一步冲击新能源和特种装备

"在国家提出双碳战略之前，我们在 2020 年就将新的发展目标定位在新能源船舶动力和特种水下装备两个新领域，目前我们的意向订单已经超过了 7000 万元，项目还获得国家重点研发计划支持。"

在韩野的带领下，经过近十年的刻苦钻研，昊野科技成为了研发和生产

水下装备核心产品的高新技术企业。现在，他们又将目标瞄准了海外市场，"从 2020 年开始，虽然受到了一些疫情影响，但我们的第一单产品水下推进器顺利出口到俄罗斯，接下来像意大利、法国、荷兰这些水下装备强国也逐渐和我们有了合作，目前已经出口到了几十个国家，去年销售额突破了 2000 万。"

学生在职业院校学到的技术更实用，对接产业创新需求

带领企业走到今天，韩野格外感谢职业教育改革为他带来的机遇："参加大赛让我看到一片天，确定自己的发展方向。"韩野发现，过去十年，职业教育正经历着深刻的变革，"学校根据企业需求在培养产业真正需要的人才。比如以前我在学校可能还学一些过时的汇编语言，但我们企业现在哪可能用汇编语言做项目，现在全部用 C 语言是吧，学校的课程也就升级到了 C 语言，更多地和企业实际应用结合。比如现在学的机械设计软件应用的创新方法，职业院校的学生也开始具备的这些能力，很多职业学校包括我的母校天津职业大学都在培养专业化的人才。"

如今，韩野正在筹备在海外设立一个分公司，专门从事水下装备的出口业务，"国家不仅鼓励我们出口，还有出口退税政策，现在我们的产品在国外能和欧美厂家卖到同样的价格，中国装备走出去已经不再是一个梦想，而是我们脚踏实地能够实现的。"

匠心·匠言

学习就是学习，在职校也有泡实验室的乐趣，也有参加技能竞赛的权利。当职校学习回归学技能本身，就能从中得到巨大的收获。不以上职校

矮人一头，而以自身的努力快人一步。将每一项技能融入解决日常一个又一个问题当中，直面需求，形成产品。树立领先一步的理念，抢风口、做评估、选准最先进的科研或创业切入点，早投入、早收获，冲击高峰、问鼎王冠。利用好学校提供的学习条件和创业就业支持，学最有用的知识、交最能干的队友、做最赚钱的事。中国装备走出去不是梦，职校生的未来不是梦，脚踏实地努力都能实现。

（部分文章内容摘自天津广播）

用数控做夹具带动智能制造转型的创新者

——记柳州职业技术学院毕业生 黄浩

柳州职业技术学院2015届数控技术专业毕业生黄浩与小伙伴们创办公司，申请21项国家发明专利和实用新型专利，绝大部分已成功实现转化，为企业节省人工170多人，创效益8000余万元，效率提升20%。夹具是工业机器人完成夹取、抓取、探触等动作的重要组成部分，黄浩创业团队开发的"工业机器人夹具设计专家系统"，使平均设计速度提高13倍，设计师由生手转为熟手由原来的5年缩短为2年。

建团队，打牢创业基础

2012年9月，踏进柳职校门的黄浩就明确自己的梦想是创办一家公司。在校期间，他刻苦学习理论知识，积极参加各项实践，为日后的创业打基础。

2013年秋，在工厂实习的黄浩接到老师陈勇棠的电话，让他牵头成立一个专门提供设计服务的工作室。黄浩既高兴又苦恼，高兴的是幸福来得太突然，苦恼的是不知从何下手。

在陈勇棠的帮助下，黄浩组建了一支30人的工作室，团队经过不断练习与受训，一个月后便接到首笔订单，实现顺利交付并得到企业方的认可。就这样，一个又一个订单接着飞来，整个团队士气大振。

师生二人与专业从事汽车冲压模具、夹具、检具设计制造以及汽车零部件生产的民营企业——柳州高华机械有限公司（简称"高华"）取得联系后，工作室接到高华的出图业务。从开始的几套到后来的几十套，从简单的出图到 3D 设计，黄浩团队每次都能高质量完成，并得到高华的认可，在校学到的知识和技能在反复的实践中变成了快速变现的"掘金神器"。2014 年暑，带着拥有更多"掘金神器"的想法，黄浩进入高华实习。

黄浩的主要工作是进行夹具设计与制造，一个暑假下来，黄浩已经能够较好地完成公司交办的各项任务。带团队、接订单，使工作室的小伙伴们既能以诚实劳动获取报酬，又能进一步把技能磨得"闪闪发光"，工作室成黄浩团队"试水"创新创业的"孵化器"。

工作室"孵化"出自动化公司

经过两年多在供应链上穿梭，接订单、加工工件、交付工件、换回报

酬，黄浩团队已然驾轻就熟，拥有了一个小工厂的雏形，就有了把公司开起来的想法。

2016年2月，黄浩与好友黄师共同创办了"柳州旭至自动化科技有限公司"，致力于非标自动化设备设计、系统集成服务、自动化标准设备及标准零件销售。

该公司成立之初，主要承接一些简单的设计服务业务。渐渐走上正轨后，黄浩发现，旭至现有的运营模式难以控制成本与定价，因为没有自己的生产场地和设备而流失许多订单。百般懊恼之下，黄浩决定自己租厂房引进设备。

租下厂房不久，黄浩就接到了五菱工业40多万元的排气管夹具设计制造订单，紧接着，又接到了安川首钢机器人有限公司102万元的订单。旭至不断以自己的专业实力回应着智能制造产业链上的需求，开始在业内打响了名气。

夹具新发明，助力智能制造产业发展

在实际工作中，黄浩发现，目前使用的工业机器人夹具，存在通用性差、生产成本高、效率低、生产质量不稳定和故障率高等痛点。于是，黄浩细心钻研、攻坚克难，开发了一系列新型"工业机器人夹具"产品和技术，广泛运用于智能制造企业。

夹具是工业机器人本体的"手掌"，负责抓取、固定产品。平均每台工业机器人每年至少要配套两套夹具。每台工业机器人配套的夹具费用约占工业机器人本体的30%，按目前工业机器人夹具平均每年15%增长预计，不出几年，将会有数百亿元的突破。

看到广阔的市场，黄浩把更多的精力放在技术创新和发明创造上。他与

小伙伴们一起开发了 5 大系列标准化产品和 260 个个性定制单品，产品高柔性、高精度、高品质，能够满足工业机器人夹具行业的需求。

2019 年上半年，旭至向广西柳工机械股份有限公司交付装载机铲斗动臂大型柔性焊接夹具，使用效果表明，该套夹具可替代人工 12 人，夹紧定位精度提高了 80%，产品质量提升了 52%，效率提高 46%，创造经济效益 700 万元。

同一时期，旭至还累计向上汽通用五菱汽车股份有限公司交付汽车冲压零件搬运吸盘夹具近 260 套，建成"无人工厂"，实现零工伤和智能化生产，效率提高 100%，产能提升 150%，经济效益 1400 万元。

技术开发成立企之本

旭至拥有国家专利 21 项、软著 8 项、行业团体标准两项、自主开发工业机器人夹具设计专家系统 1 套，并且在柳州、深圳、越南河内等国内外 10 多个城市的 26 家企业销售工业机器人夹具 700 多台套，累计销售额 930 万元，节省人工逾 170 人，实现经济效益 8000 万余元，并实现了企业节能减排绿色发展的良性闭环，带动就业 300 多人。

经过 3 年的努力，旭至慢慢发展壮大。现有厂房 1000 平方米，员工 20 余人，其中技术骨干 8 人。该公司成为广西壮族自治区 2020 年第四批科技型中小企业，并正在拟认定为广西高新技术企业。

黄浩与团队伙伴们研发的新产品、新技术已经在区域众多智能制造企业推广应用，有力地推动了柳州地方智能制造产业的转型升级。黄浩说："创业是我的梦想，机械设计是我的爱好，技术是我的生活习惯，越挫越勇是我的个性，这些都是支撑我一路走过来的力量。"。

匠心·匠言

　　创业是梦想，机械设计爱好，技术是生活习惯，越挫越勇是个性——这就是支撑职校生创业的力量。以创新为目标，以智能制造技术为引领，综合科技开发、创新创业、社会服务，演绎"知识改变命运，技能成就人生"。

（部分文章内容摘自中国教育在线广西分站，李松）

攻克神舟飞船座椅缓冲器数控精工工艺的专家型技工

——记西安航空职业技术学院毕业生 彭小彦

2006年，彭小彦毕业于西安航空职业技术学院数控专业，现为中国兵器工业集团江南公司数控分厂专家型技工，公司首席技师，攻克了神舟飞船座椅缓冲器关键零件的数控精制工艺。先后获得"全国五一巾帼标兵"、"中央企业劳动模范"等荣誉，高超的数控技艺和敬业精神，备受兵工战线职工尊崇。

玉汝于成，结合最前沿加工手段形成自己的技术特色

毕业后，彭小彦加入江南公司数控分厂014车间四班。当时，公司的生产任务一直很饱满且数控设备有限。为了充分利用设备又能使设备得到有效保养，班组实行"白班、晚班倒"工作制，晚班的工作时间是20：30到第二天清晨6：00！

经过几个月的实操，彭小彦实现了独立操作，随即就与男同事一样倒

班工作。"黑白颠倒"的工作模式，虽然打乱了她的生物钟，但她克服诸多困难去适应，这一干就是四年多，被同事们戏称为"拼命三娘"。这段时间，她熟练掌握了三轴加工中心、四轴加工中心等多种设备的操控以及Mastercam等多种编程软件。

在数控机床行业，如果说三轴加工中心、四轴加工中心是标配的话，那么五轴联动加工中心就是高配、顶配！有"高冷"设备之称。2014年，企业经过技能人才的层层选拔，最终确定彭小彦操作五轴联动加工中心设备，她成为江南公司唯一操作该种设备的女工。

为了让"高冷"设备"俯首听命"，她向厂家技术人员悉心请教设备的结构、操作原理等知识，琢磨"怪异"产品的加工方法，还多次参加公司、分厂组织的技术技能培训。三年的时间里，彭小彦绘制了600多张复杂的三维实体图，做了5大本厚厚的工作笔记，终于实现了驾轻就熟。

在承担大量高科技产品的过程中，彭小彦针对高新产品的特点，将CAD/CAM软件、UG软件、宏程序编辑系统等当今世界最前沿的加工手段有机地结合起来，形成了自己独特的加工技术。

驾驭"高冷"设备，连续产出系列高科技产品

加工过程中，彭小彦面对的都是精度极高、形状十分怪异、曲面复杂的产品。她将每一种产品都当成了自己的孩子，成功生产出系列高科技产品，无一瑕疵，打造了众多完美的国之利器！

几年前，彭小彦作为生产一线试制人员，参与了航天"神舟飞船座椅缓冲器"系列关键零部件的试制与生产。面对加工精度极高、加工件形状特殊、表面光洁度要求极高等一系列棘手难题，她决心啃下"硬骨头"。

彭小彦沉下心来反复研究，通过分析模型、多次模拟实验加工、设计专

用刀具等系列方法，与同事们一起顺利完成了"神舟飞船座椅缓冲器"的制造重任。

2021年6月17日，彭小彦等人作为航天座椅缓冲器研发生产项目团队的代表，来到了航天员汤洪波位于湘潭县云湖桥镇飞栏村的家里，现场见证、分享了载人飞船成功发射的喜悦时刻，并代表公司向汤洪波的父母献上了鲜花和阅兵产品模型。

国家某重点科研试制产品，其外形结构极为复杂，由多个不同斜面和圆弧组成，具有加工面多、易变形、精度高等特点。用传统方式加工效率低，造成产品变形，导致零件的合格率很低。彭小彦积极地开动脑筋，改善加工工艺，设计专用夹具来更换装夹方式，调整参数和刀具，充分利用了五轴加工机床的功能，将工序集中，实现一次装夹进行多工位加工，大幅度提高了加工效率。这种加工方式形成了可复制的经验，成功运用到了其它零件的加工上，被公司归纳为"彭小彦操作法"！

某海军产品装配在航母上，该产品的系列零件加工难度大，4个舵机孔的位置度和尺寸精度要求极高。这一关重零部件怎么干出来呢？彭小彦用五轴联动曲面加工，成功实现了一次装夹、多工位加工，加工出的产品完全达到图纸要求，使公司生产的这一产品顺利安装。

当同行们感佩她出色驾驭高端数控设备产出多种高科技产品的业绩时，她却对着领导痛哭失声——为了工作，她陪伴家人太少，有了那么多高科技"孩子"，却亏欠儿子太多呀！

学习交流提升素养，技术攻关形成理论

2016年10月，彭小彦代表公司参加湖南省数控技能大赛五轴项目比赛，获得第一名；同年11月，获得了第七届全国数控技能大赛五轴项目第

11 名。2018 年 9 月，彭小彦作为多轴加工技术方面的专家，被江南公司派往德国，与德国技术同行进行了多轴机床加工的学习与交流，进一步提高了她的技术素养，也为公司后期的多轴机床加工打下了坚实的基础。

近年来，公司产品的科技含量越来越高。作为企业掌握数控多轴加工前沿技术的人才，彭小彦先后参加了 300 多个项目的科研试制任务，攻克了"用碳纤维刀具加工某发动机系列产品"等 136 项技术难关，作为第一技术负责人完成国家某重点产品一项，提出合理化建议 128 条，小改小革达 100 多次，《试论如何选择数控铣加工的刀具和切削用量》等理论成果，发表在《科技创新导报》等报刊上，独自完成了 48 项国家重点科研试制任务，累计为企业创造效益 1100 多万元。

彭小彦认为："人的一生中可以没有奇迹，但必须有奋斗向上的轨迹"！在数控加工技术的道路上，彭小彦一直在奋力前行。

匠心·匠言

人的一生中可以没有奇迹，但必须有奋斗向上的轨迹——面对业务上难啃的"硬骨头"，应当顽强攀登，奋力突破。放宽视野，广泛利用各种机会充实提升，善于把机器设备和新技术的特点与自身实际结合起来，形成独家小窍门、小绝活。发挥主人翁意识和责任感，提出合理化建议，改进生产工艺，在工作中找到存在感。

（部分文章内容摘自新湖南，方钢）

航天数控的技能"后浪"

——记山西机电职业技术学院毕业生 胡兴盛

第二学历山西机电职业技术学院毕业的胡兴盛，现为中国航天科工二院二八三厂数控维修工，2021 年夺得第七届全国职工职业技能大赛"数控机床装调工"赛项全国冠军，2022 年获全国五一劳动奖章，为全厂最年轻的全国技术能手，并被评为"最美职工"。

变被动学习为主动提升

1999 年 4 月，胡兴盛出生在山西介休，父母都是普通职工。"我小时候不爱说话，成绩一般，总是在家闷着。"胡兴盛回忆道。

18 岁那年，中专毕业的胡兴盛在一个小工厂里打工，和一个老师傅一起干活，师傅用他自己的经历劝他回学校上学。胡兴盛听了师傅的建议，进入山西机电职业技术学院，主修电子电气应用与维修和数控技术专业。

山西机电的毕业生里面有全国劳模、大国工匠、全国技术能手。榜样的力量是无穷的。职业学院注重实践的浓厚氛围使胡兴盛的心态发生了转变，"以前是被动学习，不知道为什么而学，后来'开窍了'，想通过主动学习证明自己。"

在校期间，胡兴盛努力提升技术锤炼自己，并多次参与各类技能大赛，取得多项优异成绩：2018 年 10 月，参加山西省技能大赛，获得三等奖；2019 年 6 月，代表山西省参加全国职业学校技能大赛，获得全国一等奖；2019 年 11 月，参加中国技能大赛，获得全国二等奖。在一次次竞赛中，胡兴盛不断充实和完善自己。父母也欣喜地看到胡兴盛身上的变化：变得越来越自信、开朗、爱笑，似乎成了"别人家的孩子"，越来越优秀。

操作要领"长"进骨头里

2020 年毕业后，胡兴盛放弃私企高薪，毅然选择了航天事业。那年 5 月，刚入职不久的他参加了航天科工集团数控机床装调维修工的比赛，但并没有取得好成绩。"这给了我当头一棒，说明我的技术还不够娴熟。"胡兴盛很快找到了自己的不足。

喜欢挑战，不喜欢乏味；敢于面对挑战，善于攻克难题；享受解决问题的过程，遇到问题反而更有斗志，这就是胡兴盛不断进步的原因。

"身边优秀的'技能大咖'时刻影响着我。"胡兴盛所在的二八三厂有一支高技能人才队伍，他们中有的获得过全国五一劳动奖章，有的已是"大国工匠"。这让胡兴盛羡慕不已，更增添了技能成才、航天报国的动力。

2021 年 8 月，经过一年的沉淀后，胡兴盛参加了第七届全国职工职业技能大赛"数控机床装调工"赛项。赛前和教练对每一个赛点详细分析、参考历届理论试题整理几千题的题库、定制训练计划利用好每一分钟……白天，在教练辅导下训练实操项目；晚上，他常常自我加压，学习理论知识到凌晨。

两个月集训，历经成百上千次的练习，操作要领已经"长"进了胡兴盛的骨头里了。最终在大赛数控机床装调维修工实操试题第二部分，胡兴盛得到了裁判"全场最规范"的高度评价，一举夺冠。

"技术的提升永远没有终点"

大赛告一段落后，胡兴盛重返岗位，从初级工连跳 3 级，升为技师。"技术的提升永远没有终点，对我来说，一切才刚刚开始。"他说。

在二八三厂第一个智能化生产车间，自动装配的机械臂、自动识别的测量仪、可按轨迹运行的传送机器人以及 20 米高的存储运输库，都听凭胡兴盛所在的 8 人小组指挥。不同于传统意义上的班组和工作室，这个小组被命名为"创客"团队，除了点检、排除机器运行故障，更重要的是迭代更新智能化产线，根据实际需求发明创造。

在现场，胡兴盛总是能快速发现生产需要和创新点，他不断进行技术革新，为提升现场工作效率，研制了多项设备——石墨套管自动打磨装置，突破现有生产瓶颈，实现无人自动打磨；自动化轴承涂脂设备，改变现有人工涂脂方式，实现轴承的自动涂脂工作，缩减人力 5 人；质量质心设备，改变现有测量模式，减少了人力资源的浪费……

如今，胡兴盛在繁忙的工作之余，仍利用碎片时间，加强学习努力提升，迎接新的挑战。他心里有个心愿：不断取得新成绩，给父母更多惊喜。"未来我希望能不断掌握前沿知识和技术进展，争做高技能人才，继承耐心细致、追求极致、精益求精的新时代工匠精神，成为大国工匠，为航天事业、国防事业做出更大的贡献。"

匠心·匠言

学历起点低并不是决定终身的"天花板"，只要不断学习、不懈追求，过去的学历就能成为走向更高学历、更大成就的"起跑线"。勤奋钻研，要有让技术深入骨髓的钻研精神，让自己成为每一个岗位的行家里手。

（部分文章内容摘自《工人日报》，赖志凯）

"85 后"航空专用设备维修与改造大师

——记西安航空技术高等专科学校毕业生 申少泽

申少泽为航空工业成飞的数控航专设备电气维修高级技师，是成飞数控设备装调维修方面的技能大师，对设备精度精雕细琢，从不放过 0.01mm 之上的调试误差，是航空公司西南片区最年轻的航空专用设备维修与改造大师，"85 后"航空工匠，被评为"四川工匠"。

当飞行员的梦想与当维修工的现实

"其实我最开始想当飞行员。"说起自己最初的行业理想，申少泽表示，出身军人家庭，喜欢航空，从小就梦想成为一名飞行员，鹰击长空保卫祖国蓝天。但囿于身体状况，他没有通过体检环节。不想放弃"航空梦"的申少泽高中毕业后选择报考航空院校，他想即便不能当飞行员，装飞机，或者进部队修飞机也是不错的选择，"总之，能摸上飞机就行。"

2008 年，从西安航空技术高等专科学校（西安航空职业技术学院前身）毕业的申少泽来到航空工业成飞，被安排从事航空专用及数控设备维修工作，他发现这与他的职业初心大相径庭。

"每天看见飞机在天上飞过，可就是摸不到它，心里真是郁闷。"申少泽坦言，工作初期自己很是迷茫，理想和现实的差距让他一度产生了离开的念头。

后来当他花了很长时间修好一台大型数控机床之后，他看到窗外正在试飞的飞机，一股强烈的自豪感顿时在心中升腾，"虽然我没有机会造飞机，但是我维修的设备、加工出来的零件，可以助力飞机飞上蓝天，形成战斗力。"申少泽告诉记者，从那时起，他下定决心在维修岗位干下去，并且要把数控航专设备维修工作干好。

记下的问题少了，问的问题更深了

刚进厂的时候，生产任务繁重且艰巨。为了提升维修数控机床的技能，申少泽加强学习，消化吸收国外先进技术资料。"我英文水平弱，好多单词不认识。"申少泽告诉记者，那段时间，他每天随身携带一本英汉词典，遇上不懂的专业术语，他就一词一词地查，把好几页的英文资料翻译出来，再进行设备维修。

工作初期，面对自己实际经验少的短板，申少泽向同事学习，跟老师傅

请教。

他记得在第一次改造五轴数控机床的时候，由于国内相关技术都处在探索阶段，困难重重。现场找资料，询问同事都没能解决技术难题。当时已是深夜 11 点多，"我立马就给我师傅打了电话，寻求解决办法。"挂完电话他才感到后悔，"没考虑到师傅已经睡下了。"

申少泽口中的师傅指的是航空工业成飞高级工程师佘剑。在佘剑眼里，申少泽是个不折不扣的"问题王"。"他的问题层出不穷，五花八门。"佘剑笑称，深夜接到徒弟的电话是常有的事，"一般人你告诉他这么做就完了，他不一样，他会反复琢磨，问你为什么要这么做。"

"他还特别善于规划总结。"佘剑告诉记者，他看过申少泽的工作笔记本，平日问的问题都被记录在纸上，从最开始的满满一页到最后有自己的想法和总结。"记下的问题少了，但问的问题更深了。"

正是凭借这股好问、善学的劲头，工作期间，申少泽自学 VB，C++，VBA，Active 等编程语言，并攻读了机械设计制造及自动化专业大学和研究生学位。十年间，经申少泽之手维修的航空机械设备不计其数，排除各类故障 46210 次，完成设备搬迁安置工作 167 项，参与课题研制项目 16 项。

毫米之间诠释工匠精神

"设备维修是服务保障工作，虽然在幕后服务，但我们对精度的要求很高。"在航空工业成飞数控机加厂房里，申少泽站在一台方盒子状的高速数控铣床旁，向记者说道，数控机床加工的难点不是装配调试，而是在精度调整这方面。"我们改造的要求是把精度控制在 0.01 到 0.02 毫米，比头发丝还细很多倍。"

精益求精，追求完美也是身边人对申少泽的评价。让同事李志强印象深刻的是，在一次自动钻铆航专设备法向调节与视觉找正系统操作中，当申少

泽把自己负责的软件部分设计出来后，大家都觉得效果很不错，但申少泽却还在反复研究，速度可不可以再快一点？算法能不能再优化？

"我看到他天天在那计算，研究了一个多月算法，密密麻麻的笔记写了好几本。"李志强告诉记者，当申少泽把优化后的算法重新应用到软件后，法向调节速度提高了 50% 以上。

"我们搞维修的就是在机床里头拆部件、装部件、调试部件，针对精度的调整不断探索和创新。"在一线工作了 10 年的申少泽看来，工匠精神是"把工作当成一种信仰"。"既然选择了这行，就要精益求精，做到极致。"申少泽目光坚定地告诉记者。

成功的"五个多多"

谈及自己取得的成就，一方面申少泽把它归因于自己践行的"五个多多"原则：多动脑、多提问、多多学习、多多动手、多多总结。但申少泽认为更重要的是他所在的团队给予的力量和支撑。

申少泽所在的航空工业成飞数控设备站共有 49 人，分成 7 个班组。这是一支高水平的队伍，有高级工程师 7 人、工程师 5 人、高级技师 4 人、技师 5 人；这是一支年轻的队伍，平均年龄只有 28 岁，其中一半成员是"90后"。团队采用技术员和工人结合，机修工和电修工融合的工作模式，在改造的时候，从每个班组里面抽调优秀的技术工人，从工程师团队里抽调出优秀的工程师和维修师，组成临时小组，攻克研制方面的难题。这让技工也有机会参与到技术研发工作中，获得更好的成长。

"把工作当成事业来做"，这是申少泽的师傅余剑经常教导他的话，也是团队一直倡导的理念。在此理念的引导下，团队成员互相帮助，共同进步。团队 2015 年获"成都市工人先锋号"称号，连续多年获评"航空工业成飞公司优秀学习型班组"，并有多项成果获公司科技进步奖。

"不计个人利益，为了情怀而工作。这是我们团队的精神，也是航空人的精神。"申少泽作为航空工业成飞数控设备站的技术骨干，参与了不少重点技改项目，获得了多项科技进步奖及发明专利、多项荣誉：全国青年岗位能手、中央企业技术能手、中航工业技术能手、成都市技能标兵，被授予四川省五一劳动奖章。"如果没有团队的支持，我不会有今天的成就。"他动情地说道。

匠心·匠言

善于规划总结，从最初的情况和设想到最后的想法和总结，让自己记下的问题变少，问的问题变深。不计个人得失，为了情怀工作。把工作当成一种信仰，既然选择了一行，就要精益求精，做到极致。珍视团队，善于通过协作出成果，用"五多"打磨自己——多动脑、多提问、多学习、多动手、多总结。

（部分文章内容摘自中国江苏网）

参加北京冬奥会火炬接力和开幕式
国旗传递的大国高铁工匠

——记河北机车技师学院（原唐山机车车辆技工学校）
毕业生 张雪松

张雪松现任中国中车唐山机车车辆有限公司高级技师。1992年，他从唐山机车车辆技工学校（现为河北机车技师学院）毕业，成为一名钳工。面对铁路车辆不断更新换代，张雪松感到了本领恐慌，下决心要深学多学，做到一专多能，当好新一代铁路技术工人。从那时起，张雪松开始自学铆工、焊工、电器工和计算机等业务知识，进修了机电一体化专科、电气工程及自动化本科课程，在机械钳工、工具钳工、车辆钳工等多个岗位历练，工厂里很多技术大拿都成为了张雪松的师傅，从事电工岗位的爱人就是其中一位。

当张雪松向爱人提出跟她学习电工时，她开玩笑说："我教可以，你把家务包了，就当是学费了。"每天下班回家，我干完家务，就跟着爱人学习电工理论，一起画电路图。一段时间后，爱人对张雪松说："你出师了，不用再做家务了。"这是她看张雪松学得辛苦，心疼他。

后来，车辆制造技术转型，单位引进尖端数控设备，厂家安装调试，张雪松就跟在后面学，工友调侃说："哪里有新技术、新设备，哪里就有雪松。"有一次，在外国专家安装五轴加工中心时，张雪松突然发现导轨安装尺寸不对，立即提出，专家核对后果然发现了误差，对张雪松连竖大拇指。经过如饥似渴的学习，张雪松理论知识和业务技能都得到了快速提升，在各类技术比武中夺得5个"钳工状元"和"数控装调工状元"。

中车唐山制造的车体是动车组9大核心技术之一，历经引进、消化、吸收、再创新到自主创新，达到了世界领先水平，这辉煌的成就蕴含着高铁工人攻坚克难、精益求精的执着追求。2005年初，在高铁技术引进的关键阶段，为增加谈判筹码，张雪松和团队接到一个紧急任务，要在一个月时间内，制造出一辆铝合金样车。当时，这项技术在国内还是空白，没有任何经验可以借鉴，只能摸着石头过河。特别是焊接变形，张雪松们连续十几个昼夜，做了几十次试验，部件仍然像个不听话的孩子。时间紧、任务重，大家

承受着很大的压力，张雪松给工友打气，高铁车体制造"第一个螃蟹"被咱们赶上了，就一定要啃下来。

有一次，车体侧墙部件焊接变形，张雪松团队对电流电压、保护气体、氧化膜、焊前预热等 17 个因素和 100 多种综合影响逐一排查，还是没找到原因。就在张雪松苦思冥想的时候，抬头看到通风设备上的布带在飘动，张雪松赶紧拿来风速仪一测，果然，焊枪口的风速超标 0.2 米每秒，影响焊接变形的原因终于找到了。工友激动地说："张师傅，您真神了！"就这样，张雪松们解决了车体底架挠度超差、车钩面板加工缺陷等 30 多项技术难题。交车的那一天，看着曲线优美、熠熠生辉的铝合金车体顺利通过验收，整个厂房都充满了光彩，中国高铁铝合金车体制造，实现了从 0 到 1 的突破，迈出了令人难忘的第一步。

2017 年，中车唐山公司"铝合金车体制造新模式"入选国家智能制造示范项目，成为国内首个高铁铝合金车体智能制造试验基地。记得各种机器人进入车间时，张雪松和工友们既兴奋又忐忑，果不其然，驯服这些机器人可费了一番功夫。有一天，工友找到张雪松说："张师傅，机器人出现了打磨焊缝余高超标的问题，想了很多办法都解决不了，您快帮着看看吧。"一连几天，张雪松就像绑在了机器人身上，对照作业程序，仔细观察每一个动作，记录每一个参数。

功夫不负有心人，最终发现是铣刀 Z 方向的误差引起的，张雪松迅速制订改进方案，设计制作出铣刀安装定位工装，严格将精度控制在 0.05 毫米内，成功解决了问题。这些年来，张雪松正是凭着一股钻劲，带领团队开展高铁智能制造技术攻关，先后破解了焊接机器人激光传感器系统修正等 20 多项关键技术难题，其中 1 项获得国家专利授权，3 项获得省部级技术发明奖和科技成果奖。

在大家的努力下，智能制造在铝合金车体生产中应用越来越广，显著提升了高铁装备制造核心竞争力，持续巩固和扩大了中国高铁的领跑优势。目前，中国铁路装备产品已出口 100 多个国家和地区，越来越多的国家和人民享受到了中国制造的舒适和便捷。

2022 年 2 月 4 日，北京冬奥会开幕式前后，张雪松迎来人生的高光时刻：作为行业的代表，参加了火炬接力与国旗传递。

匠心·匠言

中国高铁和城市轨道交通快速发展，高铁和地铁在大家的日常生活中无所不在。而驾驭高铁地铁、维护高铁地铁的司机和技师正是职校生、技校生。是他们在掌控着高技术结晶的车辆，是他们在守护着亿万乘客的生命。所以，职校生、技校生有什么理由妄自菲薄呢？掌握机车驾驶或维护等核心技能，养成自主学习能力，适应工作岗位，并通过考试获得相应的资格，这样就开启了未来无限美好的人生。

（部分文章内容摘自西南铁路，周奇）

把机车当成艺术品做到完美无缺的
"火车医生"

——记湖南铁道职业技术学院毕业生 谢光明

　　谢光明是湖南铁道职业技术学院高电牵971班毕业生，也是学校升格高职后的第一届高职毕业生，目前在中车株洲电力机车有限公司机车事业部担任铁路机车电气装修工。近年来，他连续六年获中车株机公司技术攻关一等奖，先后获得中国中车"高铁工匠"、"中国中车资深技能专家"等荣誉称号，并被授予"全国五一劳动奖章"。

要有真本事，须下苦功夫

　　1988年，16岁的谢光明进入株洲电力机车工厂技工学校学习，那会60%的时间在学校学习理论，40%的时间下到株洲电力机车工厂相应岗位跟师傅一对一学习，完成学校下发的技能学习目标。3年后，谢光明从技校毕业，进入工厂成为一名机床工。工作期间，谢光明发现现有的理论基础不能完全满足实际工作的需要。

1997 年 7 月，经过招生考试，他顺利考入了铁道部工业职工大学（湖南铁道职业技术学院前身）进行脱产学习，走进了"电力牵引与传动控制"专业的课堂。"在工厂里遇到的难题，我都会带到课堂上请教老师，直到弄懂为止……"

在校学习期间，谢光明还报名参加了株洲电力机车工厂技术比武，没想到一举夺得第一名，获得了人生中第一个"技术能手"的称号。那一年，谢光明只有 25 岁，能在一个近万人的大厂拿冠军，"这更加坚定了我走技术人才之路的决心。"

"笨办法"快速提升技能，以钻研精神做机车"全科医生"

2000 年毕业后，谢光明进入了交车车间，成为了一名半路出家的机车电工。他很勤奋，也很喜欢钻研，他每天都拿个小本子，把所有的部件画下来，反复记，不懂的地方粘着师父问。这种方法看起来"笨"，但实际很有效果。很快，他就可以默写画出车里大大小小的设备，熟练掌握了各种类型机车的工作及原理。工作之余，谢光明几乎把所有时间都用在了提升技能上，通过不懈努力，他考取了机车电工高级技师职业资格证书，从一名调试"菜鸟"变成一位能处理各种机车"疑难杂症"的"全科医生"。

厂里每检测一台机车需要做 28 个工序、560 多项性能测试、一万多根线路的检查，容不得半点马虎，否则，机车就不能正常使用。面对这个严重耗费人力物力的问题，谢光明在心里琢磨，是否能找到一个更有效的办法来解决呢？于是，他开始翻阅大量专业资料，专门设计了一个检测仪。只要指示灯一亮，就能知道线路是否有故障。这个检测仪火柴盒大，成本低，便于携带，成为班组解决线路故障的"神器"。

为解决生产过程中出现的种种瓶颈，谢光明带领团队持续攻关，解决

了大量的难题，连续 6 年都获得公司技术攻关一等奖，主持或参与技术攻关 10 余项，提升工作效率、减少工时 8000 余小时，还降低成本 500 余万元；发明的先进操作法在中国中车集团的城轨、磁悬浮、新能源等产业得到推广运用，还有 4 项发明正在申请专利。

以匠心出力作，赢得认可

"我始终有这样一个理念，做一件事就要做好，做到极致，我就是要把我们制造的机车做成艺术品，做到完美无缺。"谢光明认为只有匠心之作，才能得到别人的认可和尊重。

在出口南非电力机车启动试制前，谢光明了解到这批车是中车株机公司打入南非市场的敲门砖，试制下线只有短短半个月，生产压力巨大。于是他主动请缨："我来扛，我带队负责。"可是，南非机车采取直流、交流双模式供电，与国内机车截然不同。这种双流模式在中国铁路机车制造领域尚属首创，谢光明团队只能摸着石头过河，那段时间他几乎天天"住"在车上。

他们严谨细致地完成了近千组数据的测试和 600 多项功能检查，攻克机车"自动通过分制区"、"隧道模式"等难关，如期完美下线。当南非客人看到身披中国红、肩镶南非国旗的车辆惊艳亮相时，都竖起了大拇指说："中国工人了不起，中国制造很厉害！"在这一刻，谢光明认为所有的辛苦和遗憾都值得。

为了提高团队发现问题和解决问题的能力，谢光明经常将工作中摸索出来的先进方法以论文或幻灯片的方式发表供大家学习。他还将工作中遇到的一些经典故障、难题收集起来，在解决问题后认真总结分析原因，还原故障现象，总结提炼经验，编著了一本"机车调试案例集"，里面介绍了数百个问题。这不仅成为机车调试的"武功秘籍"，也成为大家提高技能的教科书。

他还编著出版了 26 万余字的公司内部培训教材第九分册《机车电工》，编制了《HXD1 电力机车操作技能培训教材》等，广受好评。

匠心·匠言

　　做技术性的工作，技术是立身之本，技术要精通学习是前提，要有把工余所有时间都用于学习的狠劲。从工作中摸索方法，持续攻关，提高发现问题和解决问题的能力。做一件事就要做好，做到极致。

（部分文章内容摘自《湖南日报》，黄京）

汽车修理的"北京大工匠"

——记北京交通运输职业学院毕业生 魏俊强

2018 年，北京市总工会发起的首次"北京大工匠"选树活动中，北京祥龙博瑞汽车服务（集团）有限公司总工程师魏俊强被评为十大工匠之一。

在技术中找出路，把车修到更高层次

魏俊强 1958 年 9 月出生，1980 年夏天，以优异成绩从北京交通技校（原交通运输职业学院）毕业，进入了当时主要修理驻华使馆高档轿车、中央领导机关专用轿车的北京市汽车修理公司六厂。1982 年，踌躇满志，准备把所学知识运用到工作中去的魏俊强遇到腿部肿瘤的阻击，不服输的他在克服病痛之后，终于回到了车间上班，并且每天进行跑步锻炼，以顺利投入工作。

他与命运拼搏，在进行两次大手术之后，感到自己力不如前，要想取得优势，只有在技术中寻找出路，把车修到更高的层次。为此魏俊强在病床上把在交通学校的教材又看了一遍，又找来了清华大学、复旦大学的计算机基础、电子、液压、机电控制等方面书籍攻读。通过刻苦的钻研，不断的学习，魏俊强的修车技术不断提高，成了同龄人中的佼佼者，工作能力也得到了大家的认可，他从技术员到科长、厂长、总工程师，一步一个脚印走来。

作为总工程师的魏俊强还要承担管理工作，车间办公室两头都要忙。走进魏俊强工作的维修车间，各式各样的汽车分列在左右两侧，等待技师的检查校验。我们会看到一个瘦小却又不失干练的身影在车间里穿梭，时而猫着腰驻足于发动机前，时而钻进车辆驾驶室。经常在这里修车的车主就好像焦急的病人家属看到了名医，踏踏实实地等着自己的车辆"康复"。

说魏俊强是"汽车医生"一点儿不假，因为他在汽车维修的过程中真的用上了中医的"望闻问切"，通过眼看、手摸、鼻闻、耳听，在不用拆解任何零部件的情况下，就能判断出汽车的故障。靠"听诊"判断汽车故障是魏俊强的绝招儿之一，"车用一段时间后，机件会磨损，发动机就会出现不同程度的异响。给汽车加减速的时候，就能判断发动机不同位置声音是否正常。"他能听出汽车存在的问题，能给汽车"下胃管"找出故障位置，能用"心电图"通过示波器显示的汽车各种电器零件的工作波形，为汽车系统找出并排除故障。

魏俊强用这个绝招"千里听诊"的故事一直让同事们津津乐道。有一次，魏俊强接到一个电话，电话那边的车主表示自己的发动机有异响，但因距离太远无法到达修理现场。魏俊强让对方把手机贴近发动机，同时在电话里指示对方加速减速，听了片刻之后，魏俊强对千里之外的汽车完成了"诊断"。

除了"听诊"，魏俊强还会给汽车"下胃管"。随身兜里装着的内窥镜是魏工的法宝，和手机连接就可以直接检查发动机内部情况。"以前如果气缸出了问题，就得把气缸拆了，既麻烦还费钱。我就买了医院的纤维窥镜，用它来看气缸里到底是哪里出了毛病。"魏俊强是最早使用窥镜给汽车"治病"的汽修工。窥镜与手机相连，一头探入汽车发动机的管道内，手机上可实时显示内部的环境，"这些窥镜开始是用在管道疏通机上的，用来看下水道等。我们应用在这一领域，能够把眼睛伸到自己看不到的地方，精准解决汽车故障。"

人在体检的时候会做心电图，魏俊强给汽车做保养的时候也做"心电图"。"喷油器有喷油器的波形，点火有点火的波形。这些不同零件、不同位

置的波形就像是心电图一样，我们可以通过发动机转速高低以及波形的细微变化'诊断'出汽车存在的问题，甚至可以准确判定一辆汽车的尾气排放是否达到标准。"

从学徒到普通工人，再到全国劳模、北京"大工匠"，一路走来，魏俊强凭的是"认真"二字。"什么事情都怕认真，一遍不行做两遍，两遍不行做三遍。"

魏俊强能从一名普通的修车维修工成长为现在的"北京大工匠"，也与魏工爱学习、敬业、精业、不断努力，敢于向命运抗争、不怕挫折、百折不挠的精神密不可分。

自学成"五国翻译" 为"万国"修车

由于北京汽修六厂维修的各国驻华使馆车，大多来自德国、美国、日本等国，由于 20 世纪 90 年代信息、技术不发达，修理起来难度很大；同时，修理进口轿车，资料探讨和维修工艺的标准也是一大难题。厂里虽然订阅了一些国外的汽车杂志，但是却苦于没有翻译，这时候，魏俊强开始尝试外文资料的翻译工作。

通过与同事一起不断实践和探索，魏俊强创造了一套特殊的识别、记忆办法：逐一对着资料查字典，对着汽车线路琢磨单词和句子的意思。通过不懈努力，魏俊强能够大致看懂英、德、日、法等外文资料，虽然不会发音，但是能基本理解内容，被誉为"五国翻译"。

美国通用汽车公司曾为中国生产了一批鲁米娜牌旅行车，行驶 2 万公里后，不少车辆出现了怠速游车现象。换火花塞，换高压线，用大型仪器检查，各种数据均属正常，十几家修理厂都束手无策。"只能换车内电脑了。"美国专家也非常无奈。抱着试试看的态度，一位用户慕名找来了魏俊强。经过分析，魏俊强发现，这批鲁米娜轿车的环保设施被去掉了，可能由于时间太仓促，厂方在设备修改后没有对电脑进行修改，有些电脑程序不能用。经过排查魏俊强终于找出了解决的方案：汽车的节气门电压应该向上调高3%，也就是0.1伏。难题迎刃而解。美国专家也对魏俊强竖起了大拇指。后来，那一批美国进口的一万多辆鲁米娜车，全到六厂走了一圈，调了电压后，又畅通无阻了。

魏俊强修车修出了名气，业内人士开始尊称他为"魏工"。他的修车技艺高超，各地都慕名邀请他去解决疑难问题，每次他都能做到手到病除。

1998年夏天，时任美国总统的克林顿来华访问，乘坐的林肯轿车空调在西安出了故障。美国使馆紧急向魏俊强求助。

魏俊强通过与美方的随行机修人员电话交流，凭借自己汽修多年的经验，找出了故障所在，并最终解决了问题。后来在接受温家宝总理的接见时，总理称赞他道："你为中国人争了光。"

魏俊强说，市面上的车型很多，有超过千种，逐一掌握比较困难。因为人的记忆力是有限的，所以要正在认真剖析一部车，包括内容、结构和原理以及车型与新车型的差异，真正把车的每一个部件、原理剖析透。其实每个车的差异只有3%~5%。只要能完全掌握一种车型，遇到其他的车型就能很快上手了。正是凭借着认真、执着的精神，高尚的人格和精湛的修车技艺，他受到了业内人士的一致认可。后来北京理工大学车辆管理学院聘请他为客座教授，中专毕业的魏俊强登上了大学讲台。

名师授徒　诲人不倦

在自己不断进步的同时，魏俊强的工作内涵也从当工人时的刻苦钻研技术，扩展为无私传授技术。魏俊强感到，企业的发展和汽修行业的发展，单靠一个人的技术不行，关键是要培养一个技术过硬的团队，才能促进整个汽修行业的发展，提升中国汽修行业的水平。

21世纪初，北京汽修公司改组立的祥龙博瑞公司，并开办了以魏俊强的名字命名的"魏工培训学校"，教室里全是分布好的车辆零件，每周魏工都要在这里为一线技工上课。2020年，其母校北京交通运输职业学院与祥龙博瑞集团合作共建了魏俊强（汽车维修技术）技能大师工作室，聘请魏俊强参与专业建设，指导教师、培训学生，并以魏工技能大师工作室为品牌，以工作室为载体，充分发挥技能大师的辐射作用。通过魏俊强的纽带桥梁作用，实现学院与祥龙博瑞集团的产教融合、校企合作，进一步资源共享，真正做好人才培养。

魏俊强认为，职业教育不能走偏，不能说是新事物就蜂拥而上。职业教育的方向在职业教育界是一个难题，教学过程中是偏理论还是偏技能一直广受争论。认为学校要真正考虑企业的需求，把行业分得更细，学生的出口分得更细，同时满足企业对细化职业的知识基础和技能的需求。

在汽修行业中，魏俊强发现，很多职校毕业的学生前两年还行，后来就发展不好了。因为他们学的全部是职业技能，满足不了现代企业对员工理论知识的要求，发展的后劲也不足。

魏俊强认为好的教育和人才培养方式是，首先学一些理论基础，然后加上一些在工厂的实践，基础知识加上技能，到工厂完成融合，同时毕业生也能得到一个好的发展，具备了发展创新的潜力。所以职业学校的老师一定要教给孩子创新的思维方式，要培养他们的创新能力。

匠心·匠言

敬业就是认真，凡事一遍不行做两遍，两遍不行做三遍。敢于向命运抗争，不怕挫折、无惧伤痛，战胜险阻、百折不挠。

（部分文章内容摘自《北京晚报》，叶晓彦）

汽修圈的"侯大师"

——记北京交通运输职业学院毕业生 侯振芳

在北京汽车维修圈，"侯大师"名头不小。谁家的"大奔"坏了修不好，找他错不了。每年从外地拖车进京，指名道姓来找他修奔驰车的络绎不绝。"吃顿饭的工夫，疑难杂症就被他给确诊了。"说起北京祥龙博瑞汽车服务（集团）有限公司一分公司原奔驰4S店技术总监、现技术质量部部长侯振芳的过人之处，车主们赞不绝口。

1973年出生的侯振芳，从18岁扎进修车这一行就没挪过窝，至今已有30年。眼瞅着带出来的徒弟成了特斯拉售后高级经理、当了奥迪宝马4S店店长、成了奔驰中国的技术专家，他却稳如泰山。即便有人以年薪数十万来挖他，他也没有丝毫动摇。"没想太多，自得其乐吧。"侯振芳对此轻描淡写。

痴迷梦想　专注技艺

1991年走出校门，痴迷于汽车的侯振芳，跟50多号小年轻一起进入祥龙博瑞，在这家当时亚洲第一大汽车修理公司，下决心要刻苦学习专业技

术，立志早日独当一面。虽然活儿又脏又累，他却干得欢天喜地。为了琢磨电喷车的门道，他经常在车间倒腾到半夜不肯睡，还挤时间恶补专业知识和外语。

"当时全国劳模魏俊强师傅悉心培养我，让我在汽修行业展现自己的才能，得到很多荣誉。我也把这些经验技术传承给了徒弟。"他从前辈们传授的宝贵经验中，学到了许多在书本中学不到的"真本事"，维修技术水平显著提升。

1995年，一分公司成立了顶级汽车品牌奔驰维修站，他被分配到了这个"当红车间"。凭借着对修车的情有独钟，他白天干活，晚上实车研究，可谓"干一行、爱一行、专一行"。凭借那股钻劲儿和韧劲儿，很快在奔驰站脱颖而出。1998年，他代表一分公司参加了北京市汽车维修工技能大赛，但由于理论水平较弱，在比赛中遭遇了前所未有的打击，可是他没有气馁，从自身找原因，从此当上了名副其实的"书虫"，整天捧着厚厚的各类专业书籍认真研读，记下了十几万字的读书笔记。

功夫不负有心人——2002年，他在公司举办的岗位练兵活动中荣获维修高手"金扳手"称号；2003年，在奔驰华北地区技能大赛中夺得理论、实操双料冠军；2004年，在全市首届职工技能大赛中，摘得亚军头衔；2008年，在北京迎奥运窗口行业汽车修理工职业技能竞赛中，荣获了电器组第一名，从此被称为赛场上的"常胜将军"，之后还被聘为技能大赛裁判。

2003年，他被交通部授予"全国交通技术能手"称号；2004年，获北京市经济技术创新标兵；2007年，研制创新出了新型梅赛德斯－奔驰专用半自动型支流泵送式自动变速箱加油机和新型 WSS 标定设备；2008年，获北京市知识型职工先进个人；2009年，获北京市政府特殊津贴"首席技师"称号；2010年，被评为北京市劳动模范；同年，获得"全国技术能手"称号；2012年，获得国务院政府特殊津贴；2012年，"侯振芳汽车修理工首席技师工作室"，被北京市人力资源和社会保障局评为北京市首席技师工作室；2014年，被北京市国资委评为十大"国企楷模·北京榜样"之一；

2015 年，被国家质检总局聘为质量缺陷鉴定专家；2015 年，被交通运输部、中华全国总工会评为"爱岗敬业汽修工楷模"；2018 年，获得北京市总工会"北京大工匠"提名。

善于创新　用心服务

在侯振芳带领的维修车间见不到油污，闻不到尾气和喷漆的刺鼻味。原来，"车间有尾气回收系统，密封的烤漆房采用最环保的水性漆，还有超声波清洗机专门对付零部件的油污。"侯振芳对自己主导的维修流程改造深感自豪，因为这不仅提升了维修效率，更彻底改变了工作环境，让工人们远离污染风险。针对公司挖潜增效要求及生产中的难题，他带领工作室完成了多项改造：

汽车故障不拆解检查工艺

汽车大总成部件发生故障，可能影响整车的使用性能。由于产生故障的部位很难到达，给故障的诊断和排除带来困难，侯振芳作为首席技师，带领技师们进行技术攻关，开发出系列不解体诊断工艺。通过使用电子内窥镜，对可能发生故障的内部部件进行探测、拍照等，通过对比分析，明确内部部件的工作状况，并采取有针对性的诊断措施，如添加剂磨合修补、免拆清洗等。通过开发的诊断工具设备，使技术水平得到有效提高，减少了用户的等待时间。

奔驰钣喷工艺流程改造

侯振芳看到公司一直存在事故车维修效率低、返修率高的问题，2012年底，主机厂对钣喷维修车间进行硬件改造升级，之后侯振芳带领工作室人员展开了一系列钣喷维修工艺流程的改造，建立了奔驰车型钣喷一体化工

艺流程，该流程正式投入运行后，效率、质量双提升。从过去每月 250 台次到现在的 380 台次，收入从 240 万元提升到现在的 380 万元。流程创新后，喷漆设备随之改变。减少了漆雾产生和因环境污染造成的油漆脏点，油漆饱和度和硬度大幅提高，水性漆的使用减少了大气污染，推动绿色环保工艺。在侯振芳的带领下，奔驰站创新项目 50 余种，为企业节约资金 100 余万元。

他为客户服务的故事被传为佳话，通过互联网帮助远在埃及的华人修车，为河南、陕西等外地客户及同行修车解决过燃眉之急，北京的电视、广播、网络媒体多次邀请他当嘉宾，为大家使用车辆答疑解惑。

做好传、帮、带　回报企业的培养

2012 年，侯振芳汽车修理工首席技师工作室成立，他秉承公司的维修精髓，理论与实践相结合，引导业务骨干在解决问题过程中转变思维、创新思路、突破自我。

匠心·匠言

技能提高离不了勤工苦读，同时也要注意工作中的小革新，随时随处创新方法、改善工作条件。技术工作少不了传帮带，一方面要有匠心即精神传承，另一方面最扎实的是把技术有效传递给新人。

（部分文章内容摘自凤凰网）

核电站的"全科医生"

——记北京核工业学校毕业生 周创彬

周创彬生于 1970 年，广东汕头人，1991 年从北京核工业学校毕业分配到广东核电。31 年岗位历练、理论钻研，练就了听音观形知缺陷的核电站病患检测功夫，有发明专利 18 项，1 项中国专利金奖，2 项中国专利优秀奖。现为中国广核集团中广核工程有限公司专项试验资深专家，全国劳动模范、全国技术能手，获中华技能大奖，2021 年度南粤工匠，享受国务院特殊津贴。

积跬步以至千里

核电站调试堪比飞机试航，参数繁多，条件要求严苛。入行三十余年，周创彬见证了我国核电从引进学习到自主研发的奋进历程，又在实践中练成了检测硬功夫，被誉为核电站调试的"全科医生"，仅凭听声观形，就能使核电站运行缺陷无所遁形。

1970 年，周创彬出生在粤东一个农民家庭。在物质贫乏的年代，书籍是他最好的伙伴。"看的都是牛顿、爱因斯坦等科学家的故事，还有 γ 射

线、核裂变等核电知识。"怀着对核电的向往，1987年，周创彬以优异的成绩考取了北京核工业学校核电站运行专业。

"核电技术复杂，含数百个系统、近千个厂房构筑物、七万余台套设备，专业基础知识一定要扎实。"1991年，周创彬中专毕业被分配到广东深圳大亚湾核电站，成为一名现场操作员。他跟着师傅一头扎到现场，每天拿着图纸，主动找问题，主动思考、解决问题。有一次，他随师傅去测试一个阀门，大家都觉得阀门逻辑与试验要求不一致，但就是找不到原因。周创彬也不吭声，围着阀门仔细观察，发现原来是连接的线路接错了。他告诉了师傅，大家试着重新接好线路，故障排除了。

为了更好地提升知识和技能水平，周创彬利用业余时间自修了电子技术与核电子技术两个大专文凭。2018年，他被工会推荐到广东省劳模工匠本科班学习标准化工程专业。周创彬也实现了一次次的成长和蜕变，从一名只有中专学历的普通员工成长为主控室操纵员、运行副值长、机组长、调试中心副总工程师。许多新员工都喜欢跟着他学，亲切地称他为"创师傅"。

严慎细实，执着专注，不断超越

核电本是舶来品，中国核电发展实现从"引进"到"自主"、从"追赶"到"引领"的过程中，包含了"匠心"，首先就是贯彻"严慎细实"，执着专注，先做稳、再做精，进而超越。

"大亚湾核电站的建设，几乎全靠进口。核电站运营初期，多个核心岗位均由外方人员任职，中方技术人员没有话语权。"周创彬说，让中国自主的核电技术走向世界是每一名核电人的梦想，他也不例外。

岭澳核电站二期工程作为我国CPR1000堆型的示范电站，要以数字化先进主控室取代原有的传统模拟主控室，必须自主开发出一套全新的数字化运行程序。这是国内首次研发核电站数字化运行程序。

为了完成这一艰巨任务，周创彬熬白了头，带领总体程序数字化小组成员，挑灯夜战，废寝忘食，短短的一年间，总结策划出一套具有大亚湾特色的总体程序数字化方法，其中的一种监控方法获第十六届中国专利金奖。

当时，他带着试验团队，闯过一道道难关，完成了岭澳3号机试验。"不仅完全实现了试验自主化实施，而且在操作细节和风险控制上已超越法国，在多基地的调试中实现标准化。"

2004年，岭澳2号机组首次大修，其中的"一回路水压试验"实验，国内尚无成规可循，周创彬随队到法国调研取经。他语言不通，却硬生生啃下了厚厚的法语资料，编写了《一回路水压试验》总体运行程序，既保障了大修质量，又节约了75个小时工期。这些技术突破为他赢得了"工人院士"的美誉。

把严慎细实传承下去

周创彬希望把广核"严慎细实"的工作作风传承下去，为此拿这个标准要求徒弟，他喜欢能沉浸在核电世界，与技术做伴的学生。

周创彬的徒弟曹宁说，"师傅的思维灵敏开阔，做人做事都低调谦逊，每次到现场，和年轻人一样熬夜做实验，一起蹲着在现场吃盒饭。对年轻人也非常照顾，送工作笔记给学生，鼓励学生做科研，要严谨，多创新。"

周创彬兼任在岗培训教员，培养了一大批优秀人才，并打造出一支具备整机启动能力的调试值班工程师队伍，2017年被评为公司"优秀部门级培训教员"。

2020年12月22日，"周创彬劳模创新工作室"入选"广东省劳模和工匠人才创新工作室"。除了带徒弟，还在深圳职业技术学院、广东南华工商职业学院等院校宣讲劳模工匠精神，激励一线技术青年和在校学生成长、成才。

匠心·匠言

勇于并善于技术创新，敢于面对质疑、迎难而上，攻克技术难关。把一项工作、一样技术先做稳、再做精，进而超越。

（部分文章内容摘自《南方工报》，詹船海　潘潮　马大为）

始终保持核电焊接100％合格的岗位能手

——记广元中核职业技术学院毕业生 丁凌

丁凌14岁进入中国核工业第二三建设公司技工学校，成为广元中核职业技术学院这所中国核工业集团全额出资举办的全国唯一一所核工业高职院校的学员。他17岁毕业后就在二三建设公司工作，先后参与过核电、化工、火电、医疗等不同领域的10多个国家大型重点工程项目建设。从上海IIP项目焊口一次合格率100％，到秦山核电二期扩建工程主管道焊接射线检验合格率100％，始终稳定在100％峰线上的合格率，是丁凌工匠精神的写照。现为中核二三系统事业部项目控制中心焊接分部经理，入选央企"百名杰出工匠"。

丁凌目前是中国核工业二三建设有限公司东方核电工程公司焊接分部经理，高级技师。自工作以来，他参与了多个国家大型重点工程建设，涉及核工业、化工、火电、医疗等多种不同行业领域。

他施工经验丰富，焊接技能高超，具备极强的现场解决施工难点的能力，曾获多项荣誉，并为公司培养了四百多名核级焊工，打造了完整的焊接梯队。

刷新历史施工记录，提前完成施工任务

2009 年，丁凌参与"秦山核电二期扩建工程 3# 核反应堆厂房一回路及其主要辅助管道系统焊接施工"项目。面对压力容器推迟到货五个月，致使工期严重压缩的困难，丁凌带着同事加班加点，精心施焊，最终又一次刷新了历史施工记录，不仅把工期抢了回来，还以骄人成绩提前完成主管道现场施工任务，该项目还被评为"全国优秀焊接工程一等奖"。

亲力亲为，实现合格率 98.15%

2010 年 8 月，丁凌带领着一百多名焊工来到海南岛，建造祖国最南端的核电站。面对我国建设行业要求最高的施工任务，丁凌没有畏缩，从资格证规划开始，技能提高培训、组织拜师学艺、实时经验反馈……每一项工作都亲力亲为。通过以干代练，完成了管道焊口二十余万吋，射线检验底片 6 万余张，一次合格率 98.15%，远高于焊接一次合格率不低于 95% 的要求。此次实施的项目还获得了"全国优秀焊接工程奖"。

完善培养体系，培育焊工四百余名

自 2010 年在东方核电工程公司担任焊培中心副主任开始，丁凌不断推广完善青工培养体系，形成了较完整的技能提高培养方式，至今已为公司培养焊工四百余名。他培养的其中四名徒弟现在都已在不同的项目上担当焊接主力，其中徒弟魏海涛在 2014 年北京"嘉克杯"国际焊接技能大赛中勇夺第一名，现已成长为全国技术能手。

马不停蹄，奔赴各个施工现场

2015年10月，丁凌调任公司焊接管理中心，负责焊工的培养、调配及焊接整体规划工作。奔波多年终于能在家门口工作的他，并没有安坐在办公桌前，而是不停往来于各个施工现场了解情况、解决问题、调整计划。他说："最习惯的还是现场的生活，只有充分了解现场存在的问题，清楚知道一线员工的需要，才能对症下药，做好焊接管理工作"。

自从业以来，丁凌先后获得"中央企业青年岗位能手"、"核工业技术能手"、"全国技术能手"、"河北省五一劳动奖章"、"中国核工业集团首席技师"等荣誉，享受国务院政府特殊津贴。如今，他被公司和集团聘为专家，正在用自己的专长，为国家的强国强军梦贡献力量。

匠心·匠言

脚踏实地，刻苦钻研，一步步踏实走去，终能百炼成钢、破茧成蝶。

（部分文章内容摘自海盐发布微信公众号）

新能源汽车检测大师

——记江陵机器厂技工学校毕业生 唐跃辉

唐跃辉，重庆长安新能源汽车科技有限公司高级技师、高级工程师，中国兵器装备集团公司技能带头人，享受国务院政府特殊津贴专家。2019 年被评为"巴渝工匠"，2020 年获"重庆市五一劳动奖章"。

每当谈起自己，唐跃辉总是以"工人"自居，不乏自豪和骄傲。用他的话说：从本质上讲自己就是一个汽车性能试验工。然而行业内的人一提起唐跃辉，都说：他绝对属于专家级"大工匠"。

勤奋进取，开拓新能源试验验证之路

1992 年从江陵机器厂技工学校毕业后，唐跃辉如愿进入长安汽车成为 137 车间一名普通的技术工人。那一刻，他并不清楚自己未来的路是什么样子，但他清楚自己必须脚踏实地，一步一个脚印勤奋进取，不断提升自己。

进入长安汽车后，他一直从事汽车性能试验相关工作，肯钻研，敢挑战，凭着这股执着与坚持，从车间一线工人到质量处检验员，再到发动机台架试验工，他的每一个脚印都填满了踏实。

2005 年，唐跃辉以其丰富的实践经验，从研究总院转入国家 863 计划新能源汽车项目。

当时，新能源汽车正处于产业化推广阶段，唐跃辉发挥了汽车性能试验方面的技术能力，在新能源试验所牵头汽车性能试验，投身新能源汽车试验体系建设工作中。

"汽车性能试验要行之有效，必须要了解车辆极端性能，这样才能做到对用户负责。"唐跃辉介绍说。在工作过程中，他始终坚持深入一线，从不缺席每年的三高（高温、高原、高湿）试验。北至漠河，南至海南，"在中国最冷的时候去最冷的地方，在中国最热的时候去最热的地方"这便是唐跃辉的每年"度假"标配。

丰富的实践必然收获更多的知识沉淀，唐跃辉带领团队在长安 CAPDS基础上，以"三横五纵"为思路，建立了"长安新能源汽车零部件试验验证体系"和"竞品对标体系"，包含零部件级、系统级、整车级试验项目共2380 项，产品对标项目 740 项。

潜心钻研，深耕细作，担负国家级、省部级重大科研项目

2018 年，唐跃辉参与到一项国家新能源汽车重大专项项目——增程式燃料电池轿车动力系统平台级整车集成技术项目之中，还参加了重庆市科技创新项目——新一代高性能一体化电驱动总成研发与应用项目。

在担负科研任务中，他潜心钻研、深耕有成，取得一系列科研成果：2015 年，发表"一种预充电阻耐久性试验方法及系统"专利；2016 年，总结电机工装台架异常振动分析方法形成"某电机工装台架异常振动分析报告"，并在"农业装备与车辆工程"推广；2017 年，结合老大难质量问题整

改验证发布新能源整车续驶里程道路试验规范、新能源整车常温交流家充适应性试验等 12 篇规范；2018 年，发表"一种整车状态下电池容量测试装置及试验方法"专利。

科研促进了项目进展。近年，在全球燃料电池汽车（FCV）竞争白热化，长安汽车已推出两代燃料电池整车产品，正在进行第三代产品开发。唐跃辉作为长安新能源汽车科技有限公司试验试制首席技师，带领团队成员测试长安新三代燃料电池汽车（FCV）。聚焦燃料电池整车及系统的集成开发、性能设计、自主软件开发等核心技术，助力第三代产品研发，计划 2022 年示范推广。

有一次，在一款混合动力汽车的整车极限涉水专项性能试验中，唐跃辉和同事发现，车辆涉水后系统可能产生绝缘故障。经过认真分析、细心研判，唐跃辉大胆提出对混合动力系统的电机部分增加密封垫、在整车副车架增加付板的整改措施，并在随后反复进行了几百次涉水专项性能试验，取得了良好的整改效果，为长安混合动力汽车在国内率先上市争取了时间。

授业解惑，名师育高徒，打造一流团队

2017 年，以唐跃辉为领创人的大师工作室成立，并成为长安汽车劳模创新工作室。2018 年 10 月，唐跃辉劳模创新（技能大师工作室）由重庆市人力资源和社会保障局授予"重庆市市级大师工作室"。2019 年 9 月，唐跃辉被重庆市总工会授予"巴渝工匠"称号；2019 年 11 月，唐跃辉劳模创新（技能大师）工作室由中共重庆市委组织部、重庆市人力资源和社会保障局授予"重庆市市级首席技能大师工作室"，工成员由成立之初的 9 人发展到今天的 48 人。

唐跃辉统筹长安汽车技能培训及职业技能鉴定工作，历任汽车性能试验工专家组副组长、组长。在强烈的育人之心驱使下，唐跃辉坚持像自己入行

之初的师傅一样手把手亲自带徒弟，所带领的团队连续三年获长安汽车优秀考评组，其徒弟在长安汽车技术技能运动会汽车性能评价项目中荣获个人一等奖1人，二等奖2人，从他手下走出了4名高级技师、15名技师。2019年12月，唐跃辉培养的2名学徒荣获中国技能大赛——全国新能源汽车关键技术技能大赛"全国三等奖"。

此外，唐跃辉还兼任了教育部1+X证书汽车专业组专家，帮扶云南技师学院泸西分院、砚山分院进行专业建设，努力为中国新能源汽车关键技术创新培养更多高技能"选手"。

匠心·匠言

不抛弃不放弃，坚守职业初衷，在一线和艰苦环境中拼搏，取得技术进步和科研佳绩。

（部分文章内容摘自《重庆晨报》，杨野）

从"断指铁人"到"车工状元"

——记锦西炼油化工总厂技工学校毕业生 王尚典

机器轰鸣声中，一个戴着眼镜的中年人带着一群小伙子围在车床前，研究着找正定位技术。仔细观察，就会发现这位中年人的右手拇指和正常手指不太一样。

80后王尚典是中国石油锦西石化公司（原称锦西炼油化工总厂）车工高级技师、车工技能专家。他的右手拇指在2005年的一次意外中粉碎性断裂，只能将左脚的第二个脚趾移植到手上。刚刚康复的王尚典以异于常人的毅力重新回到车床前，每天早来晚走，泡在车间里钻研工艺。他曾顶着39.5度高烧，连续奋战25个小时，在大型工件内外爬进爬出数十回，修复了阀体的定位装配基准面，解决了难题。

"手指断了但志气不能短。当年我站在师傅张瑞卓身后，看着他干活，一点一滴学技术，苦练基本功。就是按照全国劳模的标准要求自己，有了这个标准和态度就没想过放弃。"王尚典说。他凭着顽强的毅力练成精湛的车工技艺，于2012年获得第四届全国职工职业技能大赛车工冠军，被称为"断指铁人"。后来成为十三届全国人大代表，获得"全国五一劳动奖章""全国技术能手""中央企业青年先锋"等多项荣誉。

如今，王尚典也承担起师傅当年的重任。在企业内部，成立了以他名字命名的创新工作室，越来越多的年轻人在他的培养下成为优秀的青年技工。2020 年，王尚典带领工作室申报了 10 项创新成果并全部获奖。

命运跟他开了两个玩笑

1996 年，16 岁的王尚典进入锦西炼油化工总厂（现锦西石化）技工学校就读。这是葫芦岛市有名的企业，王尚典放弃高中读技校，就是为了毕业后进入锦西石化机械厂当工人。可他刚一入学就被告知，自本届毕业生开始将自主择业——这是命运和他开的第一个玩笑。

技校毕业后，王尚典在一个小机械厂找了一份车工工作，活很繁重，还经常上夜班。一天早上，刚下夜班的王尚典在回家路上遇到了锦西石化机械厂的车工师傅、全国劳动模范张瑞卓。张瑞卓看着满身油污、双眼通红的王尚典，问他："为啥要干这么累的活？是缺钱吗？"王尚典说："我不是为挣钱，是怕在家闲着手生了。"

张瑞卓意识到，这是一个可塑之才，于是决定收王尚典为徒。2000 年 10 月，王尚典正式进入锦西石化机械厂工作。他没让张瑞卓失望，短短 4 年时间，便摘得全国中央企业技术技能大赛银牌。

2005 年，正当王尚典准备大展身手时，他却在一次意外事故中失去了右手大拇指——这是命运和他开的第二个玩笑。

车工的手指就是饭碗，最重要的量尺环节就是靠右手拇指指肚的感觉来完成。那段日子，王尚典几近崩溃，他把自己关在房间里反复自问："今后我就要做个残疾人吗？"

不甘沉沦的他找到了自己的答案："命运向我关上了一扇门，我就要靠坚韧不拔为自己打开一扇窗！"

医生将王尚典左脚的足二趾移植到他的右手，来替代大拇指的功能，但新"手指"没有神经知觉。为了克服困难，王尚典创造出了独有的测量手法，并自创和改进操作工具来适应这只手。工作之余，他强迫自己做抓握练习，每天成百上千次，累到右胳膊抽筋。

坚强的人不是不流泪，而是把泪流到肚里。在这个过程中，王尚典咽下了在大家看来难以咽下的泪，忍受了无法计算的失败挫折。7年的磨炼，他终于站上了车工行业的最高颁奖台。

走下颁奖台，王尚典的眼泪一下子就流了出来。他总结："要想成为一名大工匠，除了精益求精、一精再精，还要有挑战命运的勇气。"

发挥"铁人"精神的力量，参编教材，培养工匠

"发挥精神的力量，把身边更多的人凝聚起来、发动起来，相信就能让一个企业、一个行业兴盛起来。"

王尚典的偶像是"铁人"王进喜，他从小就立志做一名有成就的石油工人。虽然车工在石油行业是小工种，但他相信，在每一个岗位都能实现"我为祖国献石油"。

在锦西石化，熟悉王尚典的工友都能随口说出几个关于他痴迷工作的例子：结婚前一天，他正在布置婚房，干到一半突然消失了，因为车间来了一批急活；父亲生日晚宴，他刚拿起筷子，厂里来电话说急需一个零件，他放下筷子就跑到厂里；厂里大检修，他作为专家却抢在工人前面爬上62米高塔……

"随叫随到""凡事带头""责任心强"，同事对王尚典的评价里，蕴藏着一般人看不到的梦想：他想通过自己的努力，推动车工行业的进步。

2021年，集团公司组织技能领军人才赴企业开展办实事活动。王尚典作为专家团成员，在最炎热的季节连续奔赴2000余公里，深入9家石油企

业，分享经验、答疑解惑。每到一地，他都用手机录下工人们热火朝天的场景，并带动大家一起呐喊："石油工人心向党，建功立业新征程。中国石油，加油！"

很多人都不明白，他为什么始终能保持激情？王尚典说："一名工人，能力再强也仅仅是个人的力量。如果发挥精神的力量，把身边更多的人凝聚起来、发动起来，相信就能让一个企业、一个行业兴盛起来。"

工作之余，他参编、参审多本教材，进企业、入校园宣讲，用自己的成长故事感染和影响年轻人不懈奋斗。这些年，他的足迹踏遍了半个中国，跨地区、跨领域深入调研，寻找技能人才的成长之道，并在全国两会上提出加强劳模工匠人才培养、加强劳模和工匠工作室建设及联动等多项建议，希望从国家层面推动技能人才队伍建设。

"让每一名技能工人都看到自己的价值所在"。这是王尚典的心愿，也是他为推动企业发展和行业进步所作的努力。

匠心·匠言

每一名技能工人都有自己的价值所在。行业冠军、状元、精英的天赋、能力、家世、运气、资源或许与大多数普通人无关，朝五晚六、乐观坚强才是普通工人的真实写照。在艰辛的生活面前，每一个平凡甚至遇挫的普通人都在努力向前奔跑，都在认真地工作生活，创造着属于自己的、或多或少的社会价值。普通人的价值，值得被看到，技术工人应有不屈不挠的自信。

（部分文章内容摘自中国石油企业协会，徐远震　周明华）

流体运输的岗位能手

——记辽宁石化职业技术学院毕业生 李云龙

2022 年 5 月 16 日下午，在国务院组织召开的全国普通高等学校毕业生就业创业工作电视电话会议上，李云龙作为全国唯一的高校优秀毕业生代表进行线上发言。这位辽宁石化职业技术学院 2013 届油气储运技术专业的毕业生，现为大连港油品码头公司油库管理站沙坨子罐区原油综合计量工，入职仅 6 年，就以艺精业，取得了突出业绩，先后获得"全国五一劳动奖章""全国技术能手""全国青年岗位能手""全国高校 2020—2021 大学生就业创业年度新闻人物"等荣誉。

李云龙学习意识强，在学校刻苦学习、循序渐进，逐步掌握油气储运专业技术，考取了职业资格证书；入行后，结合岗位实际钻研练兵，练就了过硬本领。他立足岗位、踏实工作，动手能力很强，在油品计量工实际操作训练中，每一个步骤和动作都力求精准；他刻苦钻研、精益求精，创新训练方法，从不同角度琢磨诀窍、锤炼岗位技能，总结出"稳平准"操作法。2018 年参加中国职业技能大赛，经过 100 多天的备赛训练，赛前赛中顽强拼搏，获得第十届全国交通运输行业职业技能大赛（水路危险货物运输员）

总冠军。

回顾起自己的成长经历，李云龙说：

我是一名90后技术工人。只要踏实肯干，在平凡的岗位上也一样可以让人生出彩，作为一名技术工人，我特别自豪。

说起来，是职业教育改变了我的人生。2013年，我从阜新市阜新蒙古族自治县的小山村，来到辽宁石化职业技术学院油气储运技术专业学习。上大学的时候，老师总跟我们讲，现在国家需要更多高素质技术技能人才，要好好学习，立志技能报国，成为石油化工行业的大国工匠。

大学毕业后，我成为大连港油品码头公司一名原油综合计量工，负责原油储罐的储运管理、消防安全、维护保养等日常工作。师傅告诉我："这个行业安全责任大于天。要在岗一分钟，尽职六十秒。"在大连港职业技能、职业精神的传帮带中，我不断取得进步。不论是操作还是检查设备，我总是仔细再仔细，计量工手中的尺，要精细到毫厘。

计量工这个岗位听起来简单，其实做好并不容易，一毫米的误差就能导致5000升油的人为损耗。我反复琢磨，总结出"稳平准"操作法，在三个关键点进行精确统一计量，大大缩小了误差。我还总结出又快又好的法兰操作方法等小窍门，分享给同事们一起提高业务水平。

2018年，公司推荐我参加全国职业技能大赛。备赛期间，我反复练习各项技能，防化服磨破了、手套磨烂了、螺丝变形磨秃了。最终，我获得了水路危险货物运输员职业技能项目比赛的全国总冠军。虽然证书上写的是我的名字，但我知道这份成绩不属于我一个人，属于我们团队。

危化品运输，安全责任大过天。安全生产事故不仅会威胁到作业人员生命安全，而且会危害当地的经济发展与生态环境。作为港口安全生产的重要把关人，流体装卸工必须坚决扛起安全生产责任，严守安全规章制度，不断筑牢安全生产防线。当油轮靠向码头，当油龙驶入港区，流体装卸工"以油为令"，提振精神，安全高效完成设备检查确认、工艺流程复核、精准检尺计量、作业盯靠值守等每一个环节。我们深知，安全生产工作就是要保持

"万无一失，一失万无"的谨慎态度，将一切安全隐患扼杀在摇篮中。唯有如此，才能真正将风险降至最低。这既是对自己负责，更是对广大人民群众的生命健康与财产安全负责。

2016年参加工作以来，李云龙牢记"在岗一分钟，尽职六十秒"的工作原则，从检尺取样到工艺流程切换，再到设备监护，每一项工作，都做到精准无误，多次获得五星好评。通过一丝不苟地严格要求自己，把好安全生产的第一道防线，做到了同事放心，客户满意。

他积极向同事传授经验、分享技术，让工匠精神得以进一步传承，为公司提质增效提供人才保障。2022年4月，被共青团辽宁省委员会、辽宁省青年联合会授予2021年度辽宁青年五四奖章。"我的梦想是为一方平安贡献一己之力，还想在建设现代化国际强港的宏图中写下属于自己的一笔。我全力以赴，将每件'小事儿'做到极致，在辽港集团继续燃烧青春，筑梦东方大港，为建设世界一流强港贡献光与热。"

匠心·匠言

以艺精业，技能将带动职业上升。钻研业务，精益求精，把本领练强了，职业成功与职业荣誉会接踵而来。青年要坚持艰苦奋斗，不贪图安逸，不惧怕困难，不怨天尤人，依靠勤劳和汗水开辟人生和事业前程。在岗位上做安全生产守护者、质效提升践行者、工匠精神传承者，始终以细致周到、精益求精的工作态度，悉心维护好每一个优质服务窗口。工作中最重要的是干，上级最看重的是动手能力和实干精神。只要实干担当，勇挑重担，把好每一道关，不难在平凡岗位上脱颖而出、受到赏识。

（部分文章内容摘自《辽宁日报》，辽宁农业职业技术学院团委）

从电力设备的"好医生"到生产副总

——记浙西电力技术学校毕业生 曹辉

曹辉，1978年10月出生，本科学历、学士，助理工程师、高级技师，2011年国网优秀生产技能专家，2012年浙江省电力公司首席技师（三级专家）。原为国家电网浙江省电力有限公司温州供电公司变电检修室变电检修二班班长，从电力技校毕业后又经过本科深造，现任浙电公司变电生产副总经理。曾获浙江省劳动模范、浙江工匠、温州好人等荣誉称号。

他扎根变电检修一线，先后完成重大保电任务90余次，以他的名字命名的创新工作室取得创新成果百余项，是首批国家电网公司"劳模创新工作室示范点"。2020年，被授予"全国劳动模范"荣誉称号。

精研技术，成电网工人的"说明书"

曹辉对检修一丝不苟、对完美的孜孜追求，精益求精的钻研态度，鲁班雕木、庖丁解牛的韧劲，决定了他在业务上的绝对权威地位。每个刚进行业

的新人，同行前辈都会说一句话，做变电检修你得跟曹老师学。

电网一线的工作苦又无聊，曹辉的工作更"无聊"，二十多年没换过的内容，他硬是好好地做了二十多年，对他来说，每一件事都是新的，每一件事都是要认真做好，才能对得起，他给自己的标准："用心细致，做好最后一毫米。"

检修仓库里，曹辉的工具箱总是那么醒目：贴着详细的工具清单，摆得最整齐。这是他的"最后一毫米"原则。每次出任务回来，他必做的一件事就是把工具箱整理一遍再放好。他以身作则，也为徒弟们定下的门槛。如果曹老师不在公司，他的箱子就是他的"说明书"。

2011年，由浙江省总工会、科技厅等联合命名的"曹辉劳模创新工作室"成立，这也是国家电网公司首批示范点之一。"工作室"成立后，曹辉熬了好几个通宵，把自己二十多年的检修技巧、工作经验以及工匠精神整理成册，毫无保留地教给了每一个年轻的接力者。

"对于新进公司的员工，我会用自制培训教材帮助他们提升理论和实操技能，另一方面也组织员工开展质量提升等生产技术攻关和技能比武活动。"在曹辉看来，一线工人并不是机械重复的"机器"，他们有感情、有理想有自己的创新与创意，他们完全可以写自己的"说明书"。也许正是因为本着这样的信念，这些年，他培养出了一批又一批的创新型品牌团队和专家型高技能人才，20名徒弟获得地市级及以上优秀专家人才称号。

工作是修行，创新是修炼

"工作是修行，创新是修炼，不浮不殆，不急不躁。"这是曹辉的价值观。

一路修行过来，他的经历表明，无论干什么事情都没有捷径。平时他最喜欢给自己"找事"：从使用老虎钳、扳手等检修工具练起，反复进行实

际操作，工作手套磨破得比别人多几倍；他找来了大量的专业书籍，每一本书都被他"啃"得卷了边；他向其他专业工种的师傅讨教，拓展自己的知识面；他喜欢记写工作日记，每次完成任务，总要将心得和技术要领记录下来⋯⋯

20多年来，曹辉先后消除设备缺陷2600多项，处理异常3400多起。他凭借自己的韧劲、扎实的功力，被行内人称为检修现场的"定海神针"。

但曹辉并没有满足现状，他向知识和技能的巅峰冲击。2007年10月，他通过理论知识笔试、技能操作笔试、现场实际操作比赛等项目的激烈角逐，力挫来自全省11个地市及直属单位电力行业的44名顶尖选手，摘得了浙江电网中压柜检修技能竞赛的个人金牌和团体金牌。靠着这种顽强拼搏的精神，曹辉为温州电力系统和地方赢得了荣誉，成为了温州电力有史以来的第一个省公司"技能状元"。

技术好、敢担当，应急事故的急先锋

遇到电力故障和技术难题，工友们总会想到曹辉。不管半夜三更或节假日只要一个电话，他就立马动身赶往事故现场。

任何微小的疏忽都可能给设备和电网留下隐患和危害，从而影响电网的安全可靠供电，所以曹辉每次接到工作任务，总是习惯性地提前查看图纸或到现场详细落实，做到心中有数。为了设备的健康运行，对每一个问题和细节，他都要弄个水落石出。有时候为了搞清楚一个疑问，他要分析到深夜。十几年来，在他所负责修理测试的数千台设备中，从未出现过由于质量问题而引起的返工，也从未发生过影响设备安全运行的问题。

过硬的技术、高度的责任感和出色的胆识、解决问题能力，使他走上了领导岗位。

超前思考，助力抗疫与复工复产

担任浙江电力变压器有限公司副经理后，在新冠肺炎疫情发生、企业生产一度暂停的情况下，他超前预见到疫情防控期间对电气设备会有特殊需求，早早就回到了岗位。2020年2月10日，曹辉突然接到温州市第六人民医院的发来的求助函，希望浙江电力变压器有限公司能够协助医院在不停电的情况下升级配电设备、进行供电双电源改造，确保新冠肺炎病人的诊治不受影响。临危受命，一宿没合眼的他，连夜为工程赶出了方案，随后马上召集了几个在本地的员工，快速前往医院完成改造，实现了医院双电源的可靠保障。

"工匠曹辉""好人曹辉""劳模曹辉"，不论哪个名字在曹辉那张朴实的脸上仿佛都成了囊括不住的标识，也许只有"电网工人说明书"这个标签，是真真正正地概括了曹辉的这二十多年，他就像一本电网工人的说明书，给每一个进入电网行业的年轻人，树立了一个标准，从初心到匠心，他用自己的说明书，书写了一位朴实的"大国工匠"的传奇！

匠心·匠言

　　一线工人并不是机械重复的"机器"，有感情、有理想、有创意，凭努力完全可以写出自己对技术问题的"说明书"。工作是修行，创新是修炼，不浮不怠，不急不躁。

（部分文章内容摘自搜狐网）

技术攻关的"定海神针"

——记上海城建职业学院毕业生 陆凯忠

说起陆凯忠，上海建工基础集团领导赞不绝口："他就是我们的'定海神针'。让我们的盾构业务更有底气，更有效率！"他从一位普通的技校生和电工，现在已经是上海建工基础集团劳模创新工作室的负责人，上海市建设功臣、上海市劳动模范、全国劳动模范、享受国务院政府特殊津贴……工作30年，获得20多项省部级以上荣誉，是盾构技术问题的"救火队员"，更是技术攻关的"定海神针"。

上技校"跳出农门"

陆凯忠是上海崇明人，20世纪八十年代末，为了"跳出农门"，他选择了读中专，到上海市技工学校学习建筑电工，1991年毕业后进入上海建工基础集团。

从艰苦的农村走出来，陆凯忠记忆犹新的是刚进企业时，大门上的八个大字：艰苦创业，四海为家。再次面临"艰苦"二字，陆凯忠没有退缩，而是如企业精神所指引，选择了扎根基础工程——整整5年都没回过家。作为盾构工程的"救火队员"，哪里有故障，他就奔向哪里。

有一次冬季施工中，泥浆搅拌机几十斤的搅拌棒落进了一米深的泥浆池中，盾构机停止运转。日本厂方技术人员见状就发号施令：清空池内泥浆，清洗浆池，准备抢修。若据此操作，抢修前期准备工作就需四个多小时，再加上维修、安装、调试、回注泥浆，所需时间更长，既影响工程进度，又造成环境污染……

面对日方指令，现场人员不禁犹豫。采取安全保障措施后，陆凯忠义无反顾地跳进了冰冷的泥浆池中——他独辟蹊径地想在泥浆池中摸排故障。这并非易事：蹲得太浅，手够不到；蹲得太深，泥浆就会灌入口鼻之中。艰难之中，他屏气凝神，在冰冷稠厚的泥浆中仔细排摸，日方技术人员也在他的带动下跳进泥浆协助处置。故障最终得以排除，一个多小时后设备就恢复了运行。

这种不畏艰苦的精神，成为"铁人"精神的现实传承。

学习积累智慧

从技校毕业后，陆凯忠一直怀揣成为一名"专家型"技术工人的梦想，为了在技术上"弯道超车"，他一直坚持抓紧时间学习。

1995年，陆凯忠进入上海理工大学机电一体化专业深造。以优异成绩毕业后，他又到华东理工大学自动化控制专业学习，成为当年上海成人高校十佳优秀学员。

"人生有限，知识无限。"学习让陆凯忠的技术水平越来越高，学习也成了他进一步学习的动力。他谦虚地说，做了近30年电气行业，还只了解这个行业的20%。在快速发展的新时代，他结合自己工作实际，进一步学习了盾构远程监控知识，推进盾构智能化操作。

中日合作显实力，赢得称誉"盾构陆"

盾构机，因掘进同时构建隧道之"盾"而得名，无论过江隧道还是地铁网线建设，它都是不可或缺的急先锋。在地铁领域，盾构操作是城市轨道交通基础设施建设生产的关键环节。在上海，提起盾构必会让人想到陆凯忠，想到一个充满赞誉的称谓——"盾构陆"。这称谓最早出自一位日本技术专家。

当初上海轨道交通 4 号线鲁班路工地采用的日本全断面切削式土压平衡盾构机运抵现场前，日方送到项目部的厚厚一大沓资料全是英文。虽也可以送出去请人翻译，但时间不等人。陆凯忠挺身而出，很快便译了出来，令日方专家惊叹不已。

接下来施工时，盾构机集中润滑系统连续发出报警信号。日方技术人员分析断定是压力传感器损坏，提出了去日本调换的方案——如此不但会误时一个月，还会增加 50 万元成本！

关键时刻，陆凯忠反复比对图纸，发现系统管路与图纸不符——管路接错了。日方人员一开始不相信是他们安装失误，但后来经仔细查对，他们不得不承认陆凯忠是正确的。维修现场，他们向陆凯忠表示了歉意和钦佩。

在上海轨道交通8号线黄兴路至江浦路站掘进过程中，一台日本购进的盾构掘进机，刚开工便怪事连连：只要一掘进，就会出现螺旋机油压上限报警信号，然后就停机。反复试了几次，反复停机。日方工程师一遍一遍查验，始终找不到问题的症结。

陆凯忠当时是电工组长，对盾构的液压管路及相关系统核查后，他提出应该是螺旋机油压设定值调得太低。提出提高设定压力值建议后，他又拿出了以往类似盾构机参数一一比对、验算，令日方工程师惊愕无比，日方终于承认操作说明书参数有误，并且立即更正。陆凯忠由此成为更改日本厂商设备说明书的第一人。据说有位日本专家对陆凯忠赞许有加："'盾构陆'你很了不起"。

执着创新，节源增效数千万

证明了技术实力的同时，陆凯忠还有一个信念，就是要不断提高国内技术水平，降低工程成本。

早先，盾构机设备的维修保养都交由外包，费用昂贵，但陆凯忠说"这种事情完全可以我们自己做"。

就这样，陆凯忠成为了一名"救火队员"，哪里有疑难杂症就奔赴哪里日日夜夜坚守在盾构施工一线。不仅如此，陆凯忠还从"维修者"，迈向了"创新者"。

参加工作以来，陆凯忠先后参与了100多台次不同原理、不同直径、不同型号的盾构机安装调试工作，熟练掌握了各种类型盾构机的电气工作原理，并在盾构机械自动化、配件国产化、施工信息化改进等方面取得了较大突破。

陆凯忠自主研发的"网格式盾构水力机械 PLC 自动控制器"，使企业节约盾构掘进维修人员每公里 200 人工；他改造的进口盾构机转接回油箱和循环冷却水系统，为企业节约成本近 100 万元；他自主研发了"盾构远程数据采集分析系统"，使 1100 公里外的天津地铁盾构掘进各类动态信息实现远程异地监控。他自主研制的《海瑞克盾构的水循环辅助系统》成功应用于施工项目，并已累计申报 4 项国家专利。

2004 年，基础集团成立了以陆凯忠名字命名的劳模创新工作室，这个团队已从最初的 5 人扩容到了 28 人，累计实施技术创新、发明创造 16 项，设备方面的技术改进和技术改造 12 项，合理化建议 27 条，解决各类施工技术难题 54 项，给企业带来直接经济效益 3200 多万元。

在北仑电厂的循环水工程中，陆凯忠团队自主设计，调整编程内容，整体提升了网格式盾构技术含量，使盾构机操作简单化、模块化、智能化、一键化。

10 年前，基础集团只能开展 3 条盾构施工，现在则有 16 台同时施工。随着全国化市场的打开，为了解决盾构机远距离监控的难题，陆凯忠自主研发了"盾构远程数据采集分析系统"，使 1100 公里外的天津地铁盾构掘进各类动态信息实现远程异地监控。

进入智能化时代，陆凯忠说，做了近 30 年电气行业，自己只是了解了 20%，可以探索的空间还有更多。

匠心·匠言

创新机会属于有准备的人，机会也见证着有准备的人的实力。艺无止境，智能化时代技工应有更多作为，要不断探索未知的技术领域。

（部分文章内容摘自《新民晚报》，罗水元）

为高压变电站生产高压开关零件的工装匠人

——记西安技师学院毕业生 高喜喜

西安技师学院94届车工专业学生高喜喜毕业后，从一线工人提升为中国西电集团西安西电开关有限公司的高级技师，在机械加工车间操纵数控机床，每天通过数字编程加工零件，不时对旋转中的刀头进行修正。

他说："选择数控机床专业最主要是因为兴趣，再加上当时这方面的人才也比较稀缺。真正接触之后，就喜欢上了这个职业，也就坚持着学习下去。"多年在车床前钻研业务提升技能，一步步成长起来。

高喜喜所在车间主要是为变电站高压开关生产零件。这里生产的"开关"并不是我们日常见到家用开关，而是特超高压变电站中的保护装置，业内人士称之为"断流器"，为三峡等大型电站配套的断流器工作电压达百万伏，组装成型后的长度可达数十米长。

25年来，车间里的普通车床已更新换代为高精尖数控加工设备，高喜喜依旧默默奋战在第一线。每天接到派工单后，分析图纸、选择刀具、编程试切、测量分析、刀具补偿，高喜喜全身心投入，直到零件的尺寸、形状、位置精度丝毫不差。

2006年，企业与当时世界一流的瑞士电气设备企业进行合作，为一新

建变电站生产开关设备，其中核心零部件"动触头"是由外商提供。但临近交付时，零件出了问题。重新采购时间紧、成本高，高喜喜提出不行就自己造。

"老外能干的咱也能干。我主动向领导请命，把这个任务承担了下来。但是仔细分析以后，当时有点后悔了，这活真的太难干了。"难在哪里？零件是不锈钢材质的，里外均呈现圆弧形，其中最薄的地方仅有 2 毫米。"这是变电站开关的核心部件，整个圆弧不能有任何瑕疵，否则装上之后会出现高压放电，给整个电站运行带来危险。"

一个月的时间，经过和科研人员的沟通，高喜喜从绘图到确定加工方案，通宵达旦、废寝忘食，反复试验，硬是拿出了试品零件。成品各项参数均满足技术要求，凭借在该项目研发过程中积累的坚实技术基础，他所在的公司随后参与制订了一系列特高压开关设备国家标准，为我国电力设备行业争取到了更多的国际话语权。

作为机加车间的一线工人，在生产过程中难免会遇到各种各样的问题。"问题肯定是有的，但东西是死的，但人是活的。"多年来，他在岗位上用实践诠释着创新精神。

攻丝器是机床的一项重要功能，但由于部分机床上并没有配置控制它的程序，操作起来很不方便，一个零件甚至需要好几台机器才能加工出来，产品的加工周期被延长。

在这种情况下，高喜喜通过对进口设备的资料进行自学，在掌握了设备的全套功能之后，完成了对程序的开发和对攻丝器的控制。同时，他将原本只在普通机床上有的滚花工艺也开发到了数控设备上，使数控机床也能一次完成车削和滚花的工序，彻底完成嵌件类零件的数控加工开发。高喜喜的努力，充分挖掘了数控设备的功能，解决了嵌件类零件的产能瓶颈，不仅将加工效率提高了 40% 左右，还缩短了零件的加工周期。

近些年来，高喜喜为响应企业自主创新、降本增效的号召，主动承担了公司 500kV、800kV、1100kV、发电机断路器、A 型灭弧室、126kVGIS

和252kVGIS缩小型及液压机构等产品核心零件的加工任务。"不能让难题从手中溜走，想方设法通过小改革让设备发挥最大潜能"，这是他工作的方针。

高喜喜从业至今，加工合格率始终保持100%。在全球40多个国家和地区的4000多个变电站内，都能找到由他生产的零件。他多次承担国家重点电力项目开关设备核心零件的加工任务，为高质量完成工作任务，他敢为人先、大胆创新，自制工装累计30多种，为提升企业数控加工技术水平作出了积极贡献。

在西安机电行业，"高喜喜"不单是一位数控机床操作工人的名字，它更是"技术品牌"的代名词，这是最让高喜喜感到自豪的事情。

高喜喜作为车间的技术榜样，他在空闲时间学习的行为也感染了很多人，在车间中形成了"高喜喜效应"。"这个主要是指学习氛围的营造和培养。以前工人们下了班，休息的时候就是各玩各的，我更多的是用这个时间对一些专业知识进行自学。"

高喜喜通过学习获得的荣誉，工人们看在眼里也记在心里，慢慢地，整个车间形成了良好的学习氛围，工人们主动在下班时间学习技术理论。而在高喜喜看来，学习的方式也是多种多样的。"其实在休息时和同事们聊天也是一种学，也许你有某一方面不太了解的，而另一个人比较清楚，能说几句话点拨一下，这也是一种学习。"

近年来，高级技工已经成为目前我国装备制造业关键性奇缺人才之一，技工短缺状况在全国带有普遍性，全国的数控机床操作工缺口高达60万人。作为全国劳动模范、全国技术能手，高喜喜也积极承担着数控机床操作技术的发展与传承。

对于刚进车间的新人，高喜喜有"传、帮、带"的传统。"新人刚进车间，虽然课本上的知识都有学习，但和实际操作之间差距还挺大的。"每天，高喜喜会在自己的工作完成之后，在车间中进行观察，大家有什么技术上的问题，他看到后都会及时指出，帮助工人进行改正。"主要还是技术方面，

把我的一些经验告诉他们，让他们少走一些弯路。"

"车间工人队伍也是有攀比的，你做的好我要超越你，同事之间，上一代和下一代之间都是这样。"高喜喜这样总结车间的工作氛围。

高喜喜先后荣获省、市劳模，省"十大杰出工人"、"首席技师"、"全国技术能手"等称号，尽管载誉无数，但高喜喜从来没有把自己看得和其他人不同。"我们这行有句话叫没有设计不出来的，只有加工不出来的，没有人敢说自己技术已经足够高了，还是需要不断学习。"

匠心·匠言

没有设计不出来的，只有加工不出来的，不能以现有技术水平为满足，坚持不断学习、精通技艺。干一行，得干出名堂，只有自己足够优秀，才能带动更多人追赶超越。

（部分文章内容摘自中国青年网，张旭）

从经验炼钢到自动化炼钢的"开炉先锋"

——记首钢技校毕业生 郭玉明

郭玉明，1967 年生，首钢股份公司炼钢部作业长、高级技师、首席技能专家，"郭玉明创新工作室"负责人。曾获得全国劳动模范、全国技术能手、冶金部劳动模范、北京市劳动模范、首都楷模、工业系统优秀共产党员、首钢劳动模范、首钢之星等荣誉。

1986 年从首钢技校毕业后，他一直坚守在炼钢生产现场。从小转炉到大转炉，从经验炼钢到自动化炼钢，跟转炉打了 36 年交道，郭玉明不仅练就了一双"火眼金睛"，还习得了一套为转炉看诊把脉的"医术"，见证了首钢在钢铁冶金领域从跟随到引领的跨越。

"火眼金睛"控温好 一次出钢效率高

郭玉明的炼钢生涯从炉前工干起。他开始一心想着多炼几炉钢，就可以多为集体增添荣誉。可他很快发现，炼钢可不光是热火朝天的体力活，更是一项眼睛要快、准、狠的技术活。"站在炉前，要看炉内火焰浓密、稀疏、亮度的区别，看得准就能一次出钢，节省时间、提高效率。盲目着急，温度

控制不准，冶炼时间延长，还会适得其反。"那时，钢水含碳量和温度两样指标合格才能具备一次出钢的标准。为此，郭玉明长时间站在炉前观察火焰，脸经常被烤得阵阵刺痛，终于练就了一双"火眼金睛"。他根据火焰的亮度、火苗的长短和形状判断出的钢水温度和用测温枪测出的钢水温度上下不差5度。

1995年，28岁的郭玉明成为最年轻的全国劳动模范。获此殊荣，郭玉明凭借的是自己在行业内足以一骑绝尘的生产数据。他注重积累日常工作经验，总结出了《提高一次拉碳合格率最佳操作法》和《郭玉明优化氧枪控制炼钢法》，一次拉碳合格率由过去的75%提高到93%，平均每炉冶炼时间由50分钟缩短到32分钟，当年就创造效益2000多万元。在钢铁大发展、产能大提升时期，增加产量是全国各大钢厂追求的共同目标。当其他班组在8小时每班次只能冶炼8、9炉钢时，他所在的班组创造了班产钢18炉的纪录，至今无人超越。

千度炉膛定凹损　"望闻问切"把炉诊

2004年，随着首钢进行大规模产业搬迁，那个曾经在经验炼钢时代业绩出众的炉前工郭玉明，也成为负责首钢股份公司5座210吨炼钢转炉开炉、停炉、护炉及日常维护组织工作的炼钢作业长。"我知道这些炉子不仅仅是自己的饭碗，更是炼钢作业部的饭碗，关系到企业的生计，国家的荣誉。"郭玉明如是说。

"有好炉子，就有好钢；炉子维护的好，炼的钢就多。"郭玉明表示，炼钢工给转炉"看病"的过程，实际就是一炉钢炼完后，观察炉内冲刷侵蚀的过程。郭玉明要管理的转炉，是一个8米宽、10米高的转炉，炉壳里面砌好耐火砖，就可以炼钢了。每次炼完钢，炼钢工都要观察炉衬有没有凹坑，再根据凹坑的大小，使用补炉料进行补护，和装修房子时工人给墙面找平是一个道理。

然而这只是郭玉明的简单比喻。真实的作业状态是：炼钢工面对的是1700度左右、烧得通红的炉膛，要在10米左右的距离戴着炼钢镜全方位、多角度地观察炉底、炉身、炉帽等部位的实际侵蚀情况，来确定补炉位置。

郭玉明是大家眼里精通"望、闻、问、切"的"转炉神医"。他总能通过转炉炉况变化、炉底厚度、渣层厚度、炉衬不同位置形状变化，结合转炉激光测厚数据图、炉底图和碳氧积图等相关数据指标变化，精确判断炉衬的侵蚀情况，第一时间定制出行之有效的补炉或溅渣维护的措施，确保炼钢转炉健康稳定。

"炉底上涨过快导致复吹孔堵，碳氧积升高"一度成为大家公认的行业技术难题。为此，郭玉明率先摸索出"轻溅渣"控制模式，通过对溅渣操作进行调整，减缓了炉底上涨。一次，凌晨2点钟，炼钢工组织出钢后，发现转炉底吹孔附近出现了一个大凹坑，在场的所有人都异常惊慌。出现大凹坑不及时补救，后果将是漏炉，造成不可估量的损失。郭玉明闻讯赶来，面对问题沉着镇定，组织工作稳健有序，处理问题得心应手，用了近3个小时终于将问题处理完毕，使转炉恢复生产。

实践中他练出了这样的绝活：面对1700摄氏度左右、烧得通红的炉膛，他在10米左右的距离戴着炼钢镜为炉子全方位、多角度定损。通过转炉炉况变化、炉底厚度、渣层厚度、炉衬不同位置形状变化，结合转炉激光测厚数据图、炉底图和碳氧积图等数据，做到了能精确判断炉衬的侵蚀情况，第一时间定制出行之有效的补炉或溅渣维护的措施。

转炉复吹攻难关　对标国际成领先

从经验炼钢到自动化炼钢，要应用到多项新技术，钢产品的种类、质量也要面临丰富和优化。郭玉明坦言，这就好比一个厨子天天炒白菜，突然让他炒宫保鸡丁，是有很大挑战的。这个厨子不仅要掌握方法、火候，还要保证食材最终的品相和味道。

冶炼汽车板等高端板材，控制转炉终点氧含量等要素至关重要，这就需要应用到转炉复吹技术。2014 年，郭玉明带领团队开始了转炉复吹技术攻关。顶底复合吹法，就好比一个酸奶瓶的上下都被插上了吸管。郭玉明经过实验和总结，提出过高的炉底是制约复吹效果的主要问题，若要保证复吹孔可见则控制炉底高度是关键。随后，他和团队成员每天坚持对转炉炉况进行动态管控，及时将激光测厚数据时时汇总，反复进行试验调整，总结提炼出适合每一座转炉的最佳复吹模式，复吹质量得到显著提高。

2014 年到 2016 年是转炉复吹的攻关年，2016 年 7 月 25 日，1 号转炉完成 6543 炉冶炼后停炉，以全炉役复吹比 100%，全炉役碳氧积 0.00213 的成绩创造了首钢炼钢历史新纪录。这一历史性突破，炼钢质量得到了跨越式提升，使首钢转炉炼钢的复吹工艺技术达到了国内领先水平。2017 年至 2019 年则是转炉复吹的优化年，这段时间内，郭玉明和团队成员屡创佳绩，2017 年更是创出 0.00188 的历史性记录，标志着首钢全炉役碳氧积进入国际先进水平。

2020 年实现了作业部 5 座转炉终点氧的稳定控制、碳氧积的稳定控制、炉况的稳定控制。10 月 2# 转炉创出 0.00148，使这项工艺迈入了国际先进行列。通过经济核算，复吹攻关的成功，不仅让每座转炉每年创造直接经济效益 1000 万元以上，还从根本上保障了高端品种钢的冶炼质量。为此，首钢股份公司 1 号转炉被命名为"郭玉明炉"。

汽车板和电工钢的研究开发和质量提升一样离不开郭玉明炼钢团队的自主创新和辛勤付出。郭玉明团队先后对 2000 多炉钢水的成分、温度、

冶炼流程进行认真梳理，消除了过程控制难度大、不稳定因素控制点多等不利因素。目前，首钢汽车板炼成率已达到99%以上，实现全车型覆盖，与50余家国内外知名汽车厂建立供货关系。

打造梯队定目标　匠心育人"炼"工匠

作为"郭玉明创新工作室"的带头人，郭玉明十分重视企业的炼钢工梯队建设。"企业想要长期、稳定的炼出好钢，只有一两个好炼钢工是不行的。我们有5座转炉，至少要有20个炼钢工都达到全面掌握企业先进炼钢技术的水平。"

为此，郭玉明为徒弟们制定了阶段性的目标，每炼完1000炉钢，郭玉明都会将炉子的侵蚀情况做成趋势图，发到微信群里，做一期阶段性培训，既让徒弟们找出自身存在的问题，更是根据徒弟们的不同特点因材施教。他说，"我下一步我打算在一到两年时间内，将这些炼钢工培养成炼钢高手和护炉能手，让作业部在不断炼出好钢的同时，也炼出更多能力全面的青年工匠。"

从北京到迁安，从"开炉先锋"到创指标、攀高峰的骨干，从创业者、奠基者、守业者、首席技能专家、股份工匠、首钢工匠，再到如今的北京大工匠，郭玉明练就了钢铁雄心，守住了炼钢初心，打磨出了至臻匠心。

匠心·匠言

炼技思进，专注锻造精品。钢铁意志，实干浇筑栋梁。工艰任重，基于责任，出以匠心，创新推动发展，坚持成就梦想。

（部分文章内容摘自人民网，董兆瑞　高星）

"一带一路"上的建筑巧匠

——记浙江同济科技职业学院毕业生 何炯

2019年7月15日至9月14日，浙江同济科技职业学院建筑工程系大二学生何炯经过学院严格选拔，与浙江省内多所本专科师生一起，赴非洲塞内加尔共和国参加由中国人民对外友好协会、中国友好和平发展基金会和塞内加尔市长协会主办的援建国际志愿者活动。面对陌生的国度、简陋的工程建设条件、紧张的施工要求，何炯和队友一起克服工作、生活上的重重困难，在被称作"西非之角"的非洲塞内加尔，以精益求精的工匠精神圆满完成援建任务。

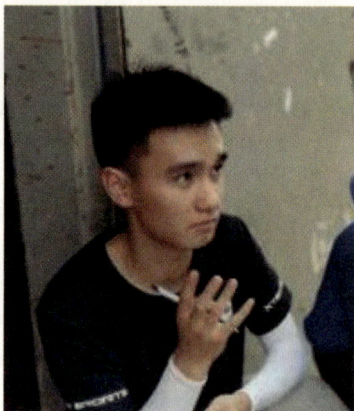

非常选择：去非洲修房子

说起报名赴塞内加尔援建的选拔，何炯说，自己看到学校通知时就毫不犹豫决定要报名。自己平时的专业成绩不错，很顺利就通过了选拔和培训。得知自己要去非洲，身边也有同学朋友被他的选择吓到，觉得非洲卫生环境比较差，又时常有战乱，挺为自己担心。

何炯的父母一开始也有些担忧。何炯对同为建筑出身的父亲表示，自己很坚定地希望能通过这次机会积累建筑专业的特殊经验，更快提升职业能力，也为自己的大学生活留下精彩的一笔。"父母后来还是很支持我，我爸还说要我好好干，以后接他的班。"

非常任务：学过的知识不能直接用

何炯团队分到的任务是修缮位于塞内加尔首都达喀尔下属的盖迪亚瓦耶市学校，谢赫安塔姆巴克中学。该中学是 1971 年建成的老旧校舍。学校共有 6 幢楼房、30 多间教室。因为年久失修，有的教室地面出现沉降，有的教室墙体开裂、天花板漏水，教室的大部分窗户都亟需更换。

与工程量相比，更麻烦的是塞内加尔简陋的施工条件。何炯介绍，那里沙土过细，混凝土比例和水泥砂浆比例和国内标准都不一样，施工工具也不一样，学校里学的知识，不能直接用上。

"知识是死的，人是活的。"何炯说，"在塞内加尔我学会了要灵活运用技术。"他个人主要负责的是校舍的墙体粉刷、屋面防水、修补建筑破损等任务。在天花板补洞时，因为天花板脱落严重，在没有模板支撑的情况下，水泥补上去有空鼓会下落，于是何炯向团队建议先补薄的一层，等干了之后补第二层，直到平整为止，收到了良好效果。

"这都是根据现场情况，自己琢磨的。"说到自己的提议被大家采纳，何炯很开心。他总结说，塞内加尔的这次援建，让他真切体会到"实践是检验真理的唯一标准"这句话的深刻含义。

非常精神：只要不倒下就要继续干

何炯团队的中方志愿者都是土木类专业的学生，"大家非常敬业，我在

他们身上实实在在感受到我们建筑人的精神。"何炯说，中塞双方对他们的吃住做了很好的安排，和当地居民比简直是 VIP 待遇，但还是有很多不习惯的地方，比如不太习惯吃硬邦邦的法棍和腥味较重的鱼米饭，他开玩笑说，"当时觉得最美味的就是方便面，我吃了好多。"

和饮食相比，更大的困难是当地炎热的天气和实际的工作困难。因为天气炎热，加上水土不服，个别同学出现中暑、发烧、拉肚子等情况，但他们都只是稍作休息，第二天马上继续投入紧张的工作中。"和大家一起这么团结拼命干一件事的感觉特别好。"说起自己的队友，何炯一脸敬佩。而对何炯来说，最让他耗神头疼的则是窗户的粉刷。校舍的窗户原本都是玻璃窗，且玻璃基本都被砸破了。

出于对学生安全的考虑，校方要把所有玻璃窗都换成铁窗，因此粉刷的时候，所有开合缝都要粉刷。可是他们没有专用的喷枪，只能用刷子一点点的刷。

"很多东西看着挺简单，可是真正做了，才知道不简单。那么多地方都要手工用刷子刷上，真的是对自己意志力的考验。粉刷的第一天，我的手就磨出了水泡，接着，磨出了一个个老茧，每天干完活回到酒店可以一秒入睡。"何炯认真地说，"但是现在回过头看，觉得正是这份坚持，让自己成长了，这也正是我参加援建的目的吧。"

非常荣誉：中塞都给我们点赞

整个修缮工程，志愿者共粉刷墙面 2 万多平方米，清理修补屋面 500 多平方米，铺设地砖 300 平方米，安装 184 盏电灯和近 300 个开关插座等，这期间他们还多次与盖迪亚瓦耶市政府、塞方志愿者等进行项目讨论，终于如期完成了任务，举行了竣工典礼。

何炯他们的优异表现得到了中塞双方的高度肯定。塞内加尔国家电视台等媒体对他们的工作做了报道，塞内加尔市长协会主席阿利乌·萨勒专程到他们住的酒店看望，还邀请他们共度宰牲节。

让何炯最开心的是受到中国驻塞内加尔大使馆大使张迅的接见，他还和大使合了影，"听到张迅大使表扬我们的工作，看着大使馆上飘扬的五星红旗，觉得这段时间的辛苦没有白费，我真的来对了！"

匠心·匠言

只要不倒下，就要继续干，无论环境顺逆、工作苦乐，这份精神都极其可贵，将支撑一个人转危为安、攻坚克难。知识和技术是活的，当不能直接应用所学技术时，要根据现场情况琢磨变通，见招拆招、把工作做活！

（部分文章内容摘自《钱江晚报》，梁莹）

从世界冠军走向高级讲师

——记山东工业技师学院毕业生 袁强

袁强，2017年获第44届世界技能大赛工业控制项目金牌，被母校山东工业技师学院破格录用为最年轻的高级讲师，享受副教授同等待遇，被山东省人民政府记个人一等功，全国技术能手、劲牌阳光奖学金特别奖获得者、2018年全国向上向善好青年。

农村"差生"逆袭"冠军"

袁强在初中以前，生活在一个普通农村家庭，家有兄弟俩，负担重，父母为了生计出去打工，就把他托付给爷爷奶奶照看，袁强就成了留守儿童。爷爷奶奶对他很好，但是不懂辅导他的作业，袁强的学习成绩就一直在班里"吊车尾"。

穷人的孩子早当家，他很早开始挣钱。念小学时就在放学后给五金厂分拣螺丝钉，赚几块钱的手工费。他几乎不向父母要零花钱，因为知道，父母养活两个儿子已经是用尽了全力，他是哥哥，应该为父母分担。

初中毕业后，袁强意料之中地没考上，父母出去打苦工吃了没文化的亏，不想让袁强就这么走上社会，成为某个流水线上的一颗螺丝钉，寻思着怎么都得让孩子学点手艺，以后不至于卖苦力赚血汗钱。加上当时的袁强实在也不适合初中毕业就走向社会：他比同龄人更矮，更瘦，更像个小孩。母亲疼儿子，想着身板这么弱的孩子也种不了地，应该去学个"文差事"，选来选去选了会计。

在带着袁强报名学会计的时候，母子俩被父亲拦了下来。父亲的想法更务实，听起来充满了朴素的哲学观：当会计把人家的账给算错了怎么办？还是去学电工，毕竟家家户户都用电，不会失业。正好家里有个亲戚在山东工业技师学院上学，毕业后顺利找到了工作，父亲就领着袁强到了工业技师学院，选的是机电一体化专业。

来到工业技师学院后，袁强就不再问家里要生活费。技校勤工俭学的途径很多，但每一条都不容易：快餐店当服务员、在洗浴中心给宾客拿拖鞋、在食品厂打零工、干保洁……比较挣钱的是发传单，"十一"黄金周，发一天传单能挣 60 块，干 7 天挣 420 块，一个月的伙食费就能挣出来。干得多了，袁强也自己寻思：要这么辛苦地干一辈子吗？有什么工作是不用这么辛苦还能挣钱的？

留心学习

有了想法，日常就能留心。工业技师学院的课程设置是先理论后实践，实践会直接到校企合作的工厂去操作。在休息时间，袁强就在车间里转悠：他在"考察"各个岗位，琢磨哪个岗位"轻松，还挣得多点"。

转悠来转悠去，还真让他发现一个：有一天机器电路坏了，车间被迫停工。这就跟在学校上晚自习没电了一样，学生大多数都是欢呼雀跃的。工友和同学们都三三两两凑在一起聊天，在旁边围观的袁强就心里模拟，想着是哪里出了问题，应该怎么修理。就在这时，从旁边办公室里出来一个大爷，拿着茶杯显得格外从容。在简单检测后，就三下五除二修好了电路——这

跟袁强想的修理方案基本一样。"别人跟我说,大爷是车间的技术,不仅工资高,办公室还有空调。"袁强就想努力上这个岗。

努力的方法,就是学习。初中不懂写作业的袁强开始注意学习,学习对他来说从来都不容易。比较自信于动手能力,袁强就去参加了学校的车工兴趣班,结果比赛录取前十名,自己是第十一名;参加本专业的电工兴趣班,明明是做了千百次的练习,结果在现场紧张得手打哆嗦,汗从手心直往下淌,以至于手滑得拧不住螺丝;为了练胆子,参加了学校的演讲比赛、小品比赛,毫不例外地铩羽而归。

一次次的失败里,袁强从只要上台、比赛就打哆嗦,慢慢练习到"能沉住气"。勤能补拙,以练习拧螺丝为例,他练了整整一年的时间,最厉害的时候手指累得一觉醒来伸不开,需要一根根掰直才行。在 2015 年,袁强终于挣到自己人生中第一个奖:在一次电工类的比赛中,15 个队伍,他所在的队伍获得了第 13 名,学校一个人发了 100 块钱的奖金。

选择也很重要

就在 2015 年,袁强意外得知了一个"好工作"的信息:只要能在省级技能比赛中拿到第一名,就可以留校任教。"当老师"对袁强的诱惑太大了。老师,意味着稳定、体面,还有固定工资。对于世世代代都务农的袁强家庭来说,这可是想都不敢想的好工作。

"我就树立了一个信念,我要去省赛拿奖,我要当老师。"袁强说,当时自己所在的机电一体化专业由于各种原因没有继续比赛,因此自己在读了两年本专业后,面临着改专业的选择。

这时,学校正在进行工业控制比赛校内选拔。工业控制包括主项目安装、编程调试、电路设计和故障排除等比赛内容,对选手综合能力要求极高。袁强鼓足勇气报名,但依然是没被录取:规则是从 54 人中挑选 20 人,因英语成绩太差，袁强在首轮选拔中就被淘汰。

"之前淘汰那么多次，我都没这么难受过，那次真是难受。"袁强不甘心，主动找到教练："我想再试试。"给一个人开口子，就是对其他学生的不负责。教练拒绝了袁强，但还是决定给他旁听观摩训练的机会。也就是说，正式队员有完整的训练时间，而袁强只有下课后的碎片时间；正式队员用的是正规耗材，而袁强只能用他们剩下的边角废料。

对这段时间，学校现代制造工程系主任苏美亭印象很深刻："袁强每天晚上都训练到很晚。我的办公室正好能看到他的工位，我晚上值班，每次都能看到他在操作台上训练。"苏美亭评价袁强，"很拼命"。

除了"拼命"，袁强也开始自主摸索着学习。他给记者举了个例子：当时学校的智能工程系也是刚建设，设备大部分都是国外进口，不仅学生不懂，老师也是刚接触。外国设备最难的就是看材料，袁强就用百度翻译一个个的查，不懂的问题要不问老师，要不就直接打"400"开头的客服电话问。"机械类的专业名词一共就3000来个，我都认识了。"袁强说，自己的"英语学习"比较奇特：不会读、不会拼，但是就知道意思。

"到现在为止我的英语口语还是完全不行，但是英语机械专业的文献、说明书我一看就明白。这应该就是人家说的'书读百遍，其义自现'。"

加冕冠军

2年的努力学习，袁强的实力非昔日可比，经层层选拔参加2017年的世界技能大赛，战胜了来自21个国家和地区的选手，获得山东选手在世赛中的首枚金牌，也是中国工业控制项目史上零的突破。获奖后的袁强被母校破格聘用，享受与副教授同等待遇，成为山东工业技师学院最年轻的高级讲师，开启了人生新篇章。

从"差生"逆袭到"世界冠军"，再到副教授级高级讲师，袁强成了学

生的榜样，每个学习不太好的学生都想逆袭成"袁老师"。在山东工业技师学院训练小楼里，袁强夺冠身披国旗的照，片放大到 1 米高，贴在小楼的门口，对每个过路者展示着奖牌的精彩和荣耀。在教学楼的每一层，他的照片被做成漫画形象，和众多激励性的标语一起，成为学生最好的激励。

在实训教室里，长长的机械设备一字排开，工业自动化元器件极其精密的设备像枕戈待旦的士兵，蛛网一样复杂又精细的线路层层叠叠地连接着设备，和控制面板组成了一片银光闪闪的机械世界。袁强站在设备旁，手持着一个控制面板，给学生讲解编程的应用。

被学生仰望的袁强，平时穿的最多的就是比赛时候的训练服，黑色运动服样式，胸口上印着一个大大的"技"。他是一个穷苦惯了的人，对于个人消费的欲望很低，衣服是学校发的，鞋子是自己买的，同样款式的运动鞋买两双，"除了这两双鞋，我还有两双皮鞋，一双出门开会穿，一双是结婚时候买的。"袁强说，自己衣服也极少，花在个人身上的消费一个月只有几百。"学校食堂很便宜，一顿饭就两三块钱，实在没有能花钱的地方。"

匠心·匠言

学技术能为类似"中考失败者""一贯学习不怎么样的差生"搭建一条走向世界的通道，甩开偏见与质疑，打破对技工、对升学的单一评价体系，走技能竞赛之路留校任教。

（部分文章内容摘自《齐鲁晚报》，郭春雨　张锡坤　潘英杰）

景泰蓝工艺传承人

——记北京珐琅厂技校毕业生 李静

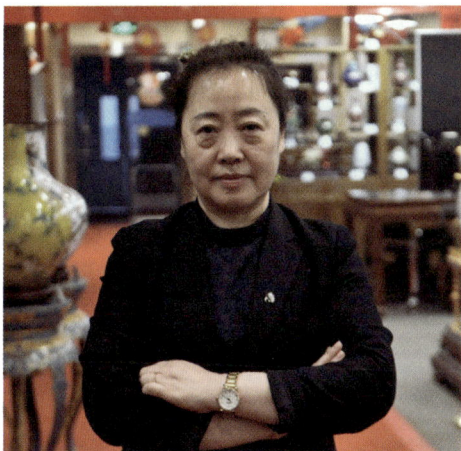

李静，1962年生，北京市珐琅厂有限责任公司设计部主任，北京工艺美术大师，非物质文化遗产北京市级代表性传承人，高级技师。1978年，刚刚15岁的李静进入珐琅厂技校学习景泰蓝的设计与制作，毕业后分配到点蓝车间，跟随老艺人刘玉彩等多位大师学习点蓝技艺。后得到了我国第一代景泰蓝设计大师钱美华、中国工艺美术大师米振雄以及中国工艺美术大师戴嘉林的设计指点，设计水平有了很大的提升。在四十多年的工作和实践中，她熟练掌握点蓝工序的全套技艺，同时对掐丝及相关工艺进行深入细致的实践和学习。

针对景泰蓝人物设计制作工艺，李静在解决人物五官等问题上有很大突破。她的设计理念既有创新，也有继承。她将所学知识充分运用到生产实践当中，与各工序的技师密切配合、共同探讨研发，使作品不论从工艺角度还是艺术欣赏方面都达到了较高水准，其作品多次荣获国家和市级金奖。《盛世欢歌》《国泰榴芳尊》《和平尊》《花开富贵》大瓶等都是她设计的国礼，她参与设计的大型景泰蓝作品《聚宝盆》被评为2013年北京工艺美术珍品。2018年，被评为首届"北京大工匠"。

景泰蓝是在紫铜制成的器型上用珐琅釉进行装饰的金属工艺品，属宫廷艺术品范畴。景泰蓝工艺是一门综合艺术，引入了传统绘画、镶嵌、雕刻等工艺和冶金、玻璃熔炼等技术，经过制胎、掐丝、烧焊、点蓝、烧蓝、磨光、镀金等十几道工序创作精制而成。

其主要原材料是紫铜和珐琅釉，其次是金银。珐琅釉料是形成景泰蓝绚丽多彩的唯一材料。明清时期，釉料的主要原材料是将原矿石粉碎后提取的马牙石、石英等矿物质，再配上硝、纯碱、硼砂等助溶剂以及铜、钴、铁、锰（是一种混生于煤层中的硫铁矿）等着色剂。这些物质中，杂质含量高，性能不稳定。

现代生产釉料全部使用化工原材料，主要有石英粉、长石、纯矸、黄石、硼砂、水晶粉、硝酸钠、硝酸钾、氧化钴、氧化铜、氧化铁、黄金等，纯度高，性能相对稳定。

从点蓝女工到非遗传承人

景泰蓝制作工艺是中国传统工艺的集大成者。对于入行景泰蓝的人，绘画是需要的技能之一。对学生时代磨炼绘画技艺的日子，李静记忆犹新："那时候天坛门票5分钱，故宫门票1毛钱，看画展的机会有限，我们去写生、看展览，去得最多的是中国美术馆和公园新春画展。"李静说，"在北京站速写，一画就画到深更半夜。还去承德写生，交通没有那么方便，需要坐好几个小时的火车，但是老师带领我们，大家都特别认真。"

1978年，李静从300多名同学中脱颖而出，成为被珐琅厂技校录取的31名学生之一。这31人中，只有6名女生。在学校，李静不但学到了技艺和专业知识，还养成了踏实认真、谦虚刻苦的精神。在当时那批进入珐琅厂的年轻人中，李静是在车间工作时间最长的一个。

初进厂，李静被分配到点蓝车间，成为一名点蓝女工。她没有厌倦日复一日的一线工作，而是在实践中，对釉彩色彩有了突破性的搭配。学生时代的美术基础和艺术熏陶让李静在点蓝时，对珐琅器的色彩、形象、造型都有更加深刻灵活的认知。此前许多年，景泰蓝这门皇家技艺流落民间，靠师傅们口口相授，多年下来，仅仅靠学徒，保留下来的釉彩单一，变化少。李静在点蓝时，将专业知识和点蓝技能结合，她会更多地思考每一个作品不同的花形图案、山水风光，应该如何通过色彩呈现出变化。

"每一朵花的翻转折叠，每一片树叶的老与嫩，在不同光影下的深浅不一，都可以用更丰富的形式表现。"李静自己动手调釉彩，将单一的色彩变得层次丰富。在过去的景泰蓝作品里，几乎只有黄、粉两种花朵色彩。仅以黄色为例，李静根据不同的图案，以及对釉料烧制后呈现出的色彩的熟知，在原有基础上，将颜色调为黄、冷黄、杏黄、浅棕黄、深棕黄等多种层次，使景泰蓝作品具有了时间性、季节性、光感。

当时有老师傅说："这么多年没这么点过，到你这老出新鲜的！"然而烧制成功后，大家又一起惊叹这样的作品润色更好看、更立体、更具凹凸感。

四十余年来，李静的作品多次荣获国家和部、市级金奖，国礼《盛世欢歌》大瓶被联合国日内瓦总部收藏，更有多件作品作为国礼赠送各国领导

人。"每一件作品,都是大家团结协作、融合高超技艺的成果,我们共同传承和创新景泰蓝技艺,我只是其中一分子。"李静谦虚地说。

让景泰蓝"会讲话"

"艺术行业,从业一段时间以后,难免遇见瓶颈期。"李静说,艺术从业者的瓶颈期可能长至十年以上,她自己就曾经有七八年停滞不前的岁月。"这段时间,自己长期没有进步和突破,会很彷徨,如果再有外界因素的吸引,内心就不会那么坚定。"

但李静还是坚持下来了。在瓶颈期,李静选择提升自己,厚积而薄发。"作品不能马上投入生产,想法不能付诸实践,也曾经困扰着我。我开始在自身找问题,或许是我的专业技能还有待提升,艺术视野还不够开阔。"李静开始走出去、沉基层。她不断采风,在自然中寻找灵感;她走进车间,跟着师傅学技能,悟精神;她钻研前辈作品,拓宽世界观,打开艺术格局。

"我渐渐明白,所有的艺术作品应该是有思想、有生命的。"李静把景泰蓝作为与世界对话的媒介,让自己的思想和感情融入作品,让作品"会讲话"。

《荷塘清趣》是李静喜欢的作品之一。一次偶然的机会,她去天津,百年老字号荣宝斋身处公园之中,当时雪后初晴,荣宝斋三面环水,枯竹、太湖石、蓝天与园内红墙绿瓦的建筑相映生辉;建筑内满是书画作品,墨香扑鼻,古典韵味浓郁。茶室内古琴轻幽,丝竹绕耳,暖意融融,与窗外清冷空气形成鲜明对比。

灵感突如其来:"当时我就想,夏天一定再来看看,夏天一定是荷花满堂,将这样的场景,用景泰蓝呈现出来,该多好啊。"最终,李静将现实与想象用艺术结合起来,景泰蓝茶海上,9块大小高低不同的石头错落有致,荷叶宛若随风轻舞,水中小鱼潜入,层次分明。"制作时,我倾注了感情与思想,希望能通过景泰蓝,传递给一代又一代的收藏者。"李静说。

景泰蓝的创作和生产都比较辛苦，李静却乐在其中。北京 APEC 会议雁栖湖国际会议中心大型景泰蓝装饰工程期间，由于工期紧任务重，她退掉了九寨沟的机票，春节期间坚持做活。当时，没有设计方案，从出图纸到施工，她每天全程盯守，画图、看效果、听意见、反馈修改，改完再发……没有时间回家，她在办公室的地上睡了两个星期。

长久的沉淀和积累终于迎来设计生涯的春天，多年来，她制作过许多件景泰蓝作品，包括首都机场、地铁、商业区、大型活动场所，从设计到制作，每件作品都倾注了她许多心血。几十年的艺术欣赏积累也造就了她的创作风格，景泰蓝艺术也深深地融入她的生命中。

那一抹动人心魄的蓝，在数代手艺人的指尖传承下，绽放着熠熠光辉。作为传承人，2017 年 5 月 15 日，李静在故宫御花园，为出席"一带一路"国际合作高峰论坛的领导人配偶及贵宾们展示了景泰蓝技艺，并与大家互动交流。2019 年 2 月参加外交部主办的新春招待会，给外国大使展示景泰蓝制作技艺；同年 4 月参加"文化记忆，璀璨京城"北京非物质文化遗产汇报展览活动，并为国外中学生展示景泰蓝制作技艺。传承，只在嘴上说没有任何意义，是体现在点滴行动上。她现在也带了很多学生，多数是聋哑人，和他们交流时，虽然在沟通上有些障碍，但是她愿意耐心地把这些东西掰开了揉碎了讲给他们听，只要他们愿意好好学她就愿意好好教，也希望景泰蓝这一技艺，一直传承下去。

匠心·匠言

非物质文化遗产传承，口说无意义，应体现在点滴行动上。学艺和设计作品的经验需要一点点琢磨积累。

（部分文章内容摘自《北京日报》，魏昕悦）

中药炮制大工匠

——记同仁堂与技校合办中专班毕业生 于葆墀

炮制是中药生产的重要工序之一，是关系中成药、中药饮片质量安全和疗效的重要环节。于葆墀出生于中药世家，受家庭影响从小掌握了很多中药材鉴别、功效等知识。1980 年，进入北京同仁堂制药厂工作，1981 年，考入同仁堂与北京市医药总公司职工中专学校合办的中药中专班，四十年如一日，传承传统中药材炮制技艺，于 2018 年被评为首届"北京大工匠"。

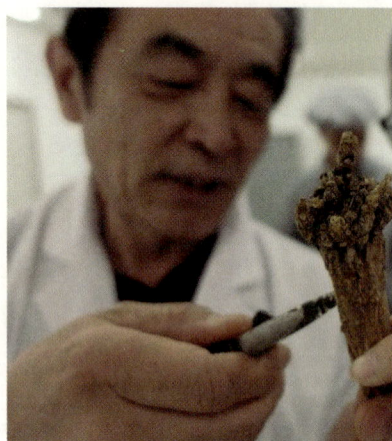

同仁堂有古训云："炮制虽繁必不敢省人工，品味虽贵必不敢减物力。"从中不难看出，炮制工艺在中药制作中的重要地位。中药炮制是门"手艺活"，在长期生产实践中磨炼的技艺、形成的经验颇为难得。在同仁堂，以于葆墀为代表的一批从事炮制工作的师傅们，在守望着这份"手艺活"，从当初的徒弟变成大师的他们，也在用带徒的方式，将这份技艺传承下去。

经中专班两年学习，于葆墀回到同仁堂制药厂，继续从事中药炮制工作。从最初进入同仁堂开始，他就没有放弃研习中药，把各种中药的品性摸得一清二楚。作为同仁堂安宫牛黄丸传统制作技艺代表性传承人，是把这味名药的炮制方式牢记于心，分毫不差，做到了真正的传承。

中药材炮制是所有中药生产工序中最苦最累的工作，洗、泡、切，蒸、炒、灸、煅等炮制加工需要常年与水、火、刀、剪打交道，劳动强度大、工作环境艰苦，没有对炮制工作的热爱很难长期坚持下来。

于葆墀说，做中药炮制工作需要特别细心与认真，正如《本草蒙筌》中所说，"凡药制造，贵在适中，不及则功效难求，太过则气味反失"。由此可见，中药炮制是一门需要反复磨炼、用心体会的大学问。

以切药为例，中药材根茎类、果皮类药材通常都需要进行切制，如陈皮，在切药时，要保证药材是湿润的，但要"湿"到什么程度，既能达到适合切制的程度，又能最大限度地保留药用成分，这考验的就是炮制人的经验和技艺，于葆墀总结道："拧一下，没有拧不动的感觉，但也不能太软，如果很软，说明药材就泡过了，三分泡，七分润最好。"

煅药也是炮制的重要技艺，如果煅药不当，比如应该煅成炭的药一旦火候过大被煅成灰，药材便失去了药效。以煅丝绵炭为例，煅制过程应该在隔绝空气的状态下进行，通常需要将丝绵蓬松后放入煅药的锅内，上方再倒扣一口锅，两口锅连接处的缝隙，需要用湿泥封固，在加热煅药的过程中，缝隙处会往外冒气，需要随后用湿泥封固，直至不再冒出，继续加热即可。

于葆墀介绍，过程中的火候把握至关重要，有经验的做法便是，在位于上方的锅顶部放置一张白纸，白纸上放置几粒大米，待加热至米粒变得焦黄，说明煅药火候合适。煅药之后，要自然晾凉，再将药材取出，"这是个工夫活，必须等待煅锅自然凉，急不得。"

如何炉火纯青地把握火候，唯有坚持不懈地学习和练习。于葆墀记得，当学徒的时候师傅曾经问他："桑皮丝怎么切？"他不加思考地答："把桑皮洗完切好就行。"师傅接着问他："洗完桑皮会不会有黏性？切的过程中会不会打滑？"年轻的于葆墀一时答不上来。师傅告诉他，桑皮最好在冬天切，头天先洗了冻一宿，第二天再切，防止黏性，这样才能切得快、切得多。于

葆墀听师傅说完羞愧难当，他只学到了表皮，而炮制中药的学问太深了。

于是，于葆墀暗下决心，一定要苦练基本功，同时，他也不断研究新的方法、技巧。于葆墀在炮制水飞雄黄时，其中一环是把雄黄粉加水研磨、搅拌。"中药炮制出的产品产量最大又符合标准最重要。所以用水量和雄黄粉配比要合适，水多了浪费资源、增加无用功。"

经过多年的炮制工作实践，于葆墀掌握了同仁堂所有中药材的炮制方法。从2004年10月开始，于葆墀连续两届被同仁堂集团聘为专家委员会专家，是同仁堂中药材传统炮制技术的代表人物。

中药炮制技术的学习，不仅仅是传承前人的经验，创新也很重要。作为一种传统的炮制工艺，"制硇砂"近些年已经几近失传，在没有经验借鉴和相关生产设备的情况下，于葆墀查阅了大量文献书籍，不断分析工艺特点、手工绘画设备图纸，经过反复研究和试验，最终设计出了炮制硇砂的设备，解决了这一炮制难题，也让这项技艺得以传下去。

中药炮制是相对冷门的一个领域，对初学的人来说确实很枯燥，近年随着厂区的搬迁、老师傅们逐渐退休等，中药炮制行业出现了一定的人才流失，与此同时，随着同仁堂生产能力的提升，药材炮制工人的不足就凸显出来。

1998年起，于葆墀按照同仁堂的传统开始带徒弟传承同仁堂炮制技艺。2013年，经市总工会批准成立了北京市级"于葆墀中药炮制首席技师工作室"，于葆墀已带完3批徒弟，共12人，目前正在带第四批8个徒弟。他说："我会把自己的这8个徒弟带完再彻底退休，同时还会在工作室中继续解决中药炮制中发现的问题。"

2018年4月，通过职工自荐、群众推荐与各级工会组织层层选拔，于葆墀获得首届"北京大工匠"称号，2019年12月，在同仁堂品牌创立350周年庆祝大会上，于葆墀荣获"同仁堂贡献奖"。

匠心·匠言

传统中有些深厚和微妙的火候与分寸，不是纯粹的科学或技术，而是要通过会心的领悟、手的触感去把握。因此，学艺时只有开启全身心去感受、去沉淀、去碰触，才能传承到非物质文化性技艺的精髓。传统技艺以博大的传统文化为底蕴，需要查阅大量文献书籍，不断分析工艺特点、手工绘画设备图纸，反复研究试验。不把自己的底子打宽垒厚，是难以突破从工到匠的界限的。

（部分文章内容摘自《新京报》，张秀兰）

青铜器修复及复制技艺传人

——记北京城市学院毕业生 高飞

北京城市学院（前身为海淀走读大学）2001届文物鉴赏与保护专业毕业生高飞，毕业后进入故宫博物院工作，师从国家级非遗传承人、青铜器修复专家王有亮，主要的工作和研究方向是金属文物的修复保护、复制，现为故宫博物院研究馆员、国家级非物质文化遗产"青铜器修复及复制技艺"第六代传人。

2001年，高飞进入故宫博物院文保科技部金属陶瓷修复室工作，成为王有亮的第一个学生。第一天来报到的时候，刚一到岗，王有亮就对高飞说：要想做一个文物修复师，就应该耐得住寂寞；还提醒他工作时对于修复方法慎重选择，因为他的决定影响着文物的命运。

高飞先进行了为期一年的实习，通过修复复制品进行锻炼，积累对文物的感觉。青铜器的修复多一道锈色的环节，因此还需锻炼对于铜色、锈色的感觉。

实习期结束后，高飞在王有亮的带领下，开始接触文物。即使已经积累了一年的手感，但面对一个文物时，高飞仍然会感觉"没有方向、没有方案、没有设计，更没有想法"，这个时候王有亮是他的"底"，往往一两句话就能将他的问题点破。这样的训练持续了三四年，高飞才感觉"心里有底"。

2010 年，高飞前往美国和加拿大，与国外的修复人员交流新的材料、修复的工艺和方法。平时的空闲时间里，他也常登陆国际博物馆修复联盟的论坛，借鉴国际上不同的修复方法。

通过不断地学习，高飞在传统修复技艺之上，结合了现代科学的方法，开展金属文物研究性修复保护工作。他提出用 3D 打印补缺来辅助补配修复青铜器的方法。以前，在原件上补缺对文物有潜在的危险，如果改用 3D 打印、通过扫描仪补出来，就是无接触式的辅助修复方法。3D 打印不仅可以直接打印出缺的部位，也能做复制品，用复制品去翻模会非常精准，而且对文物的损失率很小，几乎为零。

高飞决定将该技术应用于修复难度极高的辽代青铜面具上，那是王有亮都不敢碰触的，高飞想啃下这个硬骨头，王有亮全力支持他。高飞不敢懈怠，立刻开始着手准备修复工作，先找人化验出面具表面有硝酸纤维素的成分，他觉得那是德国人当年修复用的黏合剂，由于面具矿化严重，几乎找不到铜的成分，而且被侵蚀得很薄，不能用电焊等工具，同事都劝他趁早放弃。

高飞不甘心就此放弃，他去图书馆翻阅三维技术资料，又向王有亮详细汇报了自己的想法，想用 3D 打印的办法把面具翻模。王有亮做不了主，就请部主任召集全组人员开会讨论，大家意见不一，王有亮只说了一句话，自从拜师那一天，他就从没把文物退回去过。部主任约王有亮吃饭，劝他接受高飞的建议，王有亮对高飞寄予厚望，这十几年来，他已经对高飞倾囊相授，只盼着他出师这一天。王有亮很欣赏高飞身上这股不服输的劲，主任才放下心来。

在王有亮看来，虽然修复技术方面有变化，但是理念和方法是不变的。无论新工具、新材料再好，人的技艺水平如果达不到，掌握的经验不够多，修复效果也不会好。王有亮答应和高飞一起修复这个青铜面具。师徒俩先给面具除锈，然后用 3D 打印技术复制一个面具出来，高飞一丝不苟开始修复，王有亮看着他的背影很欣慰，把自己的那把锉刀留下就悄悄离开了。

十余年间，高飞共修复、保护文物上百件，作为故宫新一代修复师，他坚持传统修复技艺结合现代科学分析工作方法，开展金属文物研究性修复保护，他取得了成效，使中国青铜器修复后继有人。

匠心·匠言

耐得住寂寞，专注于一件事，耐心打磨技艺。秉持高度的责任心，工作方法选择慎之又慎，同时注重对外交流，借鉴国际最新科技成果，以高新技术结合传统工艺形成工作方法创新。

（部分文章内容摘自博客天下，赵雅静）

"把脉"河湖的水文工匠

——记北京水利水电学校毕业生 龚义新

　　龚义新，1982年4月出生，北京市水文总站通县水文站站长，也是北京水文最年轻的站长之一。2002年毕业于北京水利水电学校机电工程专业，经过不断的努力，由一名水文业务"门外汉"，逐步成长为业务能手。业余时间里，龚义新参加了中国农业大学的函授学习，取得农业水利工程本科文凭。2007—2017年，连续四届获得北京市水文勘测工技能竞赛冠军；2020年在第二届"北京大工匠"选树活动中，获得"水文勘测工北京大工匠"称号。

门外汉补强变"高手"

　　水文工作有三个特点：业务性强、标准高、责任重。龚义新在校的专业是机电工程，初入水文勘测的他，切身领悟到什么叫"隔行如隔山"。"刚到岗位就是'两眼一抹黑'。"龚义新坦言，学校里学的知识在这个行业"不

灵了"。

每个人的一生都会做出许多选择。龚义新信仰的原则是，既然选择了，就别后退。他开始恶补水文专业知识。向书本求知、在实践中学习、虚心向身边同事取经……二十出头的他把所有的求知欲和闯劲儿都献给了水文领域。

"那时候就一门心思恶补专业知识，休息时间基本上都在看书。"龚义新说，水文这东西不懂根本上不了手，现在回想起来，当时能耐下心来读大量的规范和专业书籍，也是因为打心眼里想好好干，没把它只当成是吃饭和挣工资的行当。"这可能就是人们所说的敬业吧，对我而言，这也是一份值得敬佩的职业。"

为了检测自己的知识积累程度，龚义新信心满满地参加了北京市水文勘测技能竞赛。结果，理论考试确实进了决赛，但实际操作根本晋不了级。第一次竞赛失利之后，龚义新意识到水文勘测这项工作需要理论与实践相结合，二者缺一不可，更需要高度的责任心和不断地经验积累。在之后的工作中，他着重理论与实践相结合，充分利用业余时间不断进步。

2007 年至 2017 年间，龚义新连续参加四届北京市水文勘测技能竞赛，全部夺得竞赛第一名，代表北京市参加了三届全国水文勘测工技能比赛。2017 被授予北京市高级职业技能证书。在他的努力下，很快掌握了水文测验基本业务，并逐步成长为水文业务能手。2020 年，在第二届北京大工匠选树活动——水文勘测工挑战赛中，龚义新作为种子选手取得挑战赛冠军，在经过网络票选和专家评比后，获得北京市第一个水文勘测大工匠。

实践中摸索出地方标准

水文行业规范种类多、数量多。"水文行业是我见过的规范最多的一个行业。"龚义新说，"干水文这行，真不能停止学习，否则连设备都不会用。"

　　龚义新是水文勘测技能竞赛的"老人儿"，可是每次备赛，依旧要认真阅读和复习几十种水文规范。工作二十年，龚义新见证了水文设备的不断升级，电波流速仪、声学多普勒流速剖面仪、手持式声学多普勒流速剖面仪、卫星通讯系统、全自动缆道、雨量水位遥测系统……越来越先进，甚至很多工序已经被自动化取代。为了充分发挥这些设备的作用，龚义新随时掌握各种仪器结构及部件，按照规范快速清洗、安装调试。

　　"以电波流速仪为例，以前用浮标测量的时候，工序多人员多，需要四到五人一起测至少半个小时，之后还需要花一个多小时来制图、计算。现在的电波流速仪，一两个人15分钟之内轻松搞定，不但节省人工，而且时效性、安全性大大提升。"龚义新还记得，这台新仪器刚到的时候，着实难住了他。说明书是全英文的，龚义新专门买了本英文词典，发现根本派不上用场，里面全是专业术语和英文缩写。龚义新干脆跑到代理公司去学习，还多次跟其他兄弟省市的同行交流使用方法，总算玩转了这个小仪器。

　　规范使用仪器是水文工作者必须要熟练掌握的，只有使用规范了，才能测量出更精准的数据。为此，龚义新带领同事在不同天气和水流条件下，进行了大量的对比分析，总结方式方法和应用技巧。他参与撰写的《电波水流量测验规程》成为北京市地方标准，延续使用至今。他还参与研究《称重式自动蒸发计》，获得两项国家知识产权局专利证书，参与撰写的《北京市水文测验手册》已经在北京范围内推广应用。

对全北京大多数水文测站如数家珍

　　龚义新还有一个拿手的技能——熟悉北京市大多数水文测站的基本情况，精通各种流量推求方法，能够准确地绘制出各测验断面的水位流量关系曲线。

　　它的主要用途是在资料整编时，将连续的水位资料，通过它转换为连续

的流量资料。在水文预报、水文计算、水利管理工作中也常用它来作水位、流量间的换算。但就这么一个小小的换算，没点儿悟性和钻劲儿很难做到精通、精准。

在每年的全市定线工作中，龚义新多次利用自己精湛扎实的业务能力解决某些断面受上下游水工建筑物、水草、断面冲淤变化等因素影响使水位流量关系不稳定的难题。龚义新说："水文工作，用数据说话，数据质量关乎宏观规划，防汛抗旱，容不得半点马虎。水文勘测工，是一个追求细节的工种，'差不多就行'这个心理最害人，要保持一颗追求工匠精神的心。"

自2006年起，龚义新成了百年老站通县水文站的站长，每年汛期的每一份水情电报，无论谁值班，只要龚义新在，必定会在拍发之前审核一遍，数据上从未出现半点纰漏。

20个年头，一个汛期又一个汛期，龚义新在水文一线以精益求精的态度，攻坚克难的精神，沉淀基层的决心，诠释着水文人的"匠心"。

匠心·匠言

规范地使用工具器材和严格按规范操作是基础，随时总结方法和应用技巧。工作用数据说话，追求细节，要不得半点马虎和"差不多就行"的心理，保持一颗追求精益求精、践行工匠精神的心。

（部分文章内容摘自《北京日报》，魏昕悦）

给建筑钢结构做无损检测的"钢铁医生"

——记常州工程职业技术学院毕业生 王海浪

靠墙摆放的一台台超声检测仪，桌上奇形怪状的钢铁构件……走进位于南京市栖霞区中建安装集团有限公司的无损检测工作室内，无损检测员王海浪，向记者回忆着自己4年前在这里准备中国技能大赛的日子。

"现在想起来是有点枯燥，但那时只想着把技术练到最精。"他说，那段时间训练到晚上11点是家常便饭，每天拿着探头检测钢板上的焊缝，和标准结果对比，思考检测误差究竟是怎么来的。

如今，准确检测、改进方案、提高效率，已是王海浪的工作日常，作为"90后"的他也渐渐成为了无损检测的"老把式"。但在2010年考入常州工程技术学院时，他连自己将要就读的无损检测专业具体做什么都不知道。通过课堂学习，王海浪慢慢了解到，高温高压的化工设备、高楼大厦等，都需要"体检"合格后才能投入使用，"这些设备、建筑的正常运行，少不了我们这样的人。"

2013年毕业刚入行时，王海浪只有射线、超声、磁粉、渗透四种初级证书，没有资格参与检测方案设计、操作先进设备，他心里有些不舒服。实际工作内容和自己在学校所学也有差异，他面对的不再是放在桌面上的成

品，而是实打实的建筑，建筑上的焊缝可能很高，也有可能藏在犄角旮旯，操作难度大大提升。"第一次爬到16米高的钢梁上检测时，我不敢走，是骑在钢梁上慢慢挪过去的。"他笑着回忆说。

"要做这一行，就不能永远只做一个执行工艺的操作者。"王海浪回忆起他入行后的第一个项目——上海中国博览会会展综合体项目，该项目使用钢材较多，现场随时都有焊接好的钢结构等待检测，检测总量超过3.5万米。初出茅庐绝不是"业务不精"的借口，他顶住压力，在工作时遇到不懂的就向前辈请教，下班后还在工地宿舍里反复看书自学，顺利啃下了这块"硬骨头"，更坚定了自己的从业信心。

"其实我们就像是'钢铁医生'，超声检测就像做B超，射线检测就像拍CT，技术已经相对成熟，但能不能通过图谱快速判断出相应问题，得出结论，需要通过大量实践积累经验。"对工作格外用心的王海浪意识到，"难活""累活"才是最好的训练场。

2014年10月，王海浪被派到中建安装集团制造厂负责钢结构、压力容器等设备的无损检测工作，他借着这里检测对象焊缝结构复杂、种类多、检测方法多样的机会，在结束工作后，还要把已经测过的设备再检测一遍，对比结果，不断在检测实践中潜心钻研无损检测技术，从而拿下了UT-Ⅱ（脉冲反射法超声检测）、RT-Ⅱ（射线胶片照相检测）检测技术等四项资格证书。2017年，王海浪代表公司参加中国技能大赛，最终以无损检测员个人总分第一名的成绩，荣获"全国技术能手"称号。

一名好"钢铁医生"不仅要与材料打交道，还要处理好与人的关系。工作7年多来，王海浪也曾遇到"难缠"业主，但他都守住了工作底线。一次，钢梁先在地面焊接之后，由于赶工期，业主想焊接完后直接吊装。但从质量把控的角度来说，王海浪认为在地面检测较为恰当合适，如有不合格的地方，在地面返修更方便，"人家着急要往上吊装，那我怎么办？我就往钢梁上一坐，肯定不允许吊装的"。

谈起雷锋精神，王海浪只留下一句朴素的感慨，"就是立足岗位，干好本职工作，严把工程质量关口，争先创优。"

匠心·匠言

　　不要好高骛远，也不要妄自菲薄，勤奋刻苦地走好每一步，以精心、耐心、细心的工作态度和追求卓越的自我要求一步步走上工匠之路。工作中要秉持科学精神，尊重规律，通过大量实践积累经验，一般经验结合具体实际来快速判断出相应的问题，得出结论。

（部分文章内容摘自中国江苏网，王静　付奇）

持之以恒打造"中国好医工"

——记徐州医药高等职业学校毕业生 沙俊诚

2011年9月，沙俊诚考入江苏省徐州医药高等职业学校，就读于医用电子仪器与维护专业。初入校门，许多同学都会有一段迷茫期，但沙俊诚却快速适应了药校的学习和生活。他热爱自己的专业，并下定决心要在专业上做到最好。图书馆、自习室，常能看到他刻苦学习的身影。"当时同学们信任，选我做班长。我就想着，不能只自己学，也得带动身边的同学一起努力。"一方面不放松学习，一方面干劲十足地为师生服务，持之以恒提升医疗工程技术的掌握程度，实践医疗服务理念。

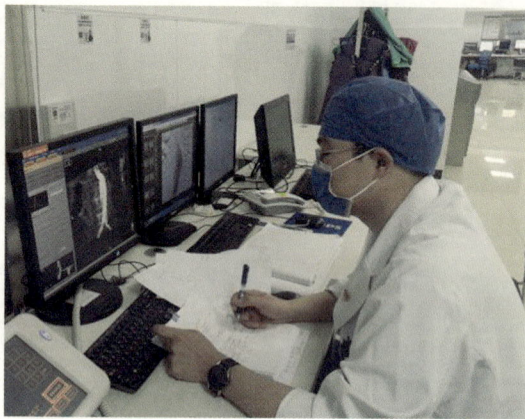

2015年，沙俊诚进入徐州医科大学附属医院设备处实习，在老师带领下，协助进行高值耗材系统上线的信息校对工作，将维修血压计的视频上传网上，获得医院有关方面的肯定，后来一直在设备处作为教学视频使用。实习的一年时间里，沙俊诚掌握了临床工程师的工作细节，在带教老师的帮助下，更深入地理解工作、适应岗位。

凭借实习期的突出表现，沙俊诚毕业后就留在了徐州医科大学附属医院工作。在介入放射科多位专家教授的支持下，他一直钻研3D打印相关项目，开展 3D 打印介入手术用器临床研发以及 3D 打印血管模型临床应用研究。2020 年参与医院一体化手术室的设备安装和调试工作。面对人工智等新科技在临床医疗工程领域的应用，沙俊诚又对人工智能产生浓厚兴趣，2020 年至今开展布加综合征人工智能识别项目研究。2021 年，沙俊诚以优异的综合素质获选为"中国好医工"——中国优秀临床工程师（技能）全国十佳。

年纪轻轻的沙俊诚现已经中华医学会影像技术分会 3D 打印学组的委员，申请国家发明专利 6 项、实用新型专利 6 项，其中 8 项为第一发明人。他始终坚信，奋斗才是诠释青春最好的方式，所有的收获都将是一个新的开始。

匠心·匠言

医疗临床工程是最需要德技双修的领域，有志有德，乐于助人，又能有才有技、持之以恒地追逐梦想，德技受人肯定，事业终将有成。追踪前沿技术，快速更新知识结构，把智能技术等最新科技及时应用到本职工作领域，与专业发展趋势相适应，会形成业务上的突破。

（部分文章内容摘自中国江苏网，刘嘉铭）

附录一

名企高管
谈用人

一

董明珠：格力招聘员工，最看重以下几点

格力在招聘员工时，最看重应聘者以下几个方面：1.道德品质。一个成熟的企业更多的是考虑员工的道德品质，尤其是奉献精神、诚信意识和责任感。员工踏入公司开始，企业就应倡导奉献精神、诚信意识和责任感，只有有了奉献精神，才有自豪感。才会感到幸福。员工是有一定思想的人，他们追求的是一种境界，会因为实现了自身价值而感到快乐。2.敬业精神。世界500强企业非常注重实效，注重结果，因此，奉献精神是不可或缺的。员工要想适应当前的职场环境，必须具备明确的工作目标和强烈的责任心，带着激情去工作，高标准高质量地完成本职工作。工作态度决定一个人的工作效率，工作成果。有良好的工作态度才能成为一个值得信赖的员工，获得领导同事的信任。3.员工潜力。面试官会通过一些方式来考察求职者的特质，在逆境压力下的应急能力。提问一些开放型的问题，测试你的能力的发展，看你是否通过从认识到开发再到运用的提炼，最后形成自己的能力。如果层级较低的员工能够显现出已进入相关能力发展的第一个阶段，就说明他算得上有潜力。是值得培养的。

张一鸣：取得很好成就的人，
往往保持平常的心态

在日益激烈的竞争环境中，我们要用平常心对待自己。能取得很好成就的人，他们往往保持很平常的心态。保持平常心，接受当下的自己，把自己做好，往往就能把事情做好。优秀的人才有这样五个特质：1. 有好奇心。能够主动学习新事物、新知识和新技能。2. 对不确定性保持乐观。只有乐观的人会相信，会愿意去尝试。最后也许不一定做成，或者没有完全做到，但这个过程也会很有帮助。3. 不甘于平庸。只要你对自己的标准很高，也许你前两年变化得慢，但十年后再看，肯定会非常不一样。4. 不傲娇，要能延迟满足感。要肯去做，负责任，不推诿。只要有机会承担的事情，尽可能去做好。5. 对重要的事情有判断力。年轻人在选专业、公司、职业和发展路径的时候，自己要有判断力，不要被短期选择所左右。

雷军：找不需要管理的人

什么样的人不需要管理呢？这些人有四个重要特点。1. 首先得能干，有能力。我们不惜代价地吸引各方顶级人才。对于一个高效率的公司来说，人才是最重要的资产。公司人才梯队要做好，一边有老兵做中流砥柱，一边有新兵开疆拓土。2. 要有高度的责任心。在没有外部激励的时候，这种责任心能够确保员工把每一个动作执行到位，这可以使公司简化很多流程。3. 要有强大的自驱力。这个自驱力就是志同道合，大家有共同的愿景。大家能够为了一个伟大梦想，也为了每一个人自身的利益，有效地团结在一起。4. 要有相同的价值观。我们每天像农民种地一样，一分耕耘，一分收获。即使一个人说他有能力把稻草变成金条，但这显然不符合我们的价值观。哪怕这种人在市场上非常受欢迎，但这不是我们的哲学。

王兴：爱学习能力强的人

美团需要的人才并不一定要有丰富的经验，但一定要做到以下三点。1. 认同美团的价值观：以客户为中心，长期有耐心。以客户为中心，是所有人都应该遵守的价值观，继而才能实现商业价值。关注长期价值、保持耐心是这个过程中应有的心态，二者缺一不可。2. 要有很强的学习能力，适应快速变化的市场。美团在过往的业务探索中展现出强悍的战斗力：往往不是第一个进入市场，却总能后来居上。这其中的奥妙，就在于美团团队的快速学习能力。3. 个人必须努力。美团浓厚的创业文化，巨大的成长空间，以及敢于让年轻人上的文化，让那些有冲劲、有想法的优秀年轻人脱颖而出。也正是这些年轻人，源源不断地给美团输入活力与激情，让美团得以成长为今天的巨头公司。

刘强东：培养团队，是最重要的一件事

　　一家企业如果经营成功，一定是因为团队。如果失败，也一定是因为团队。培养团队，是我花费时间最多，也是内部最重要的一件事。京东在用人上，遵循以下几项原则：1. 要做的比说的多。一个不擅长高谈阔论的人如果成功了，那么他靠的一定是脚踏实地。2. 要从基层做起。如果招聘管理者，我会分析他的从业经历，一定要是从基层做起的人。3. 要诚实。诚信是京东的一条红线，谁也不能碰。4. 要有团队精神。做事要想成功，只能靠团队，有团队精神非常重要。5. 要符合京东价值观。人的价值观永远是排在第一位，价值观匹配后，再考虑能力问题。6. 要有超出常人的吃苦精神和激情。想要在三五年的时间里成为一个优秀的管理者，没有超出常人的吃苦精神是做不到的。激情是人生最大的生活态度，而且激情永远来源于自己，不是别人的鼓励。7. 要有一直学习的精神。智慧不是与生俱来的，而是通过学习得来的。人无论什么时候都不要忘记学习。

丁磊：看中独立思考的人

创业 20 年来，我最重视的并非机遇和风口，而是人才。网易对于人才的选择，最看重以下三点基本素质：1. 独立思考。学而不思则罔，思而不学则殆。员工的独立思考能力非常重要。2. 逻辑能力。如今的信息和知识不断在更新迭代。面对这种情况，一个人所体现出来的最重要的能力，应该是他的自学能力，也就是他分析、归纳、总结、判断的逻辑能力。3. 是否热爱。一个人对自己所做的事是否热爱，很大程度上取决于兴趣。世界上很多真正成功的人，都是兴趣驱使。对于真正热爱某一领域的人来说，总会为自己的兴趣投入更多的时间和精力。只有出于兴趣，才能对学习、对工作产生热爱，进而让自己保持足够的专注度，最后获得成功。

马化腾：对我们来说，人品最重要

对我们来说，人品最重要，公司十分强调这点。这跟我们的企业文化有关。我们喜欢简单的文化，包括选管理层，也要看人品。腾讯用人主要有以下五个原则：1. 用人以德为先。正直是创始人团队始终坚持的价值观，领导力就是人品，人品决定产品，素质决定品质。价值观正方向成长的人，才不会因为小利而失去鸿鹄之志，反之亦然。人品差，再努力也进不了腾讯。2. 高情商的人优先。团队没有信任基础，很难做出重大决策。市场速度永远比你个人快。腾讯文化强调 CPEI（Cooperation 合作 , Practicality 实用 , Exploring 探究 , Innovation 创新）。3. 管理人员要有大局观，专业与激情并进。腾讯倾向于营造激情、好学、开放的环境。因此在使用人才时，腾讯考虑三个因素：是不是有激情，有没有大局观，对负责的产品和服务是不是有抓到底的决心。4. 团队要有互补性，并且能够拥抱变化。互补性是指团队成员接受个性和能力的差异，八仙各显神通才过得了东海。5. 不培养副手的中层最多容忍半年。腾讯注重人才梯队建设，内部挑选的管理人才如果在行业内不算出头，就要团队来做出补偿，所以每个中层都要为自己培养一位能力强的副手，内部找不到就去外面挖。

李东生：TCL 选人标准不是学历，更注重学习能力

　　我们在聘请员工的时候非常关注他的学习力，因为在企业里发展，一定是要不断适应新的技术变化，所以一个员工能够有持续学习的能力非常重要。正常招聘员工时还要考虑他的责任心，他要求成功的欲望。新的技术产生，是和新的教育的进步联系在一起的。一个新进来的员工，他掌握的技术是比较新的，能够适应这个变化。但是在企业工作一段时间之后，他原来在学校里学的知识肯定是不能够支持他持续发展的，那就需要他的学习能力，他自己愿意学习，愿意适应这种变化。就像我自己，现在来看，我大学学的知识只能用到不到 1% 了，99% 的知识都是在工作以后那么多年里逐步形成的，这对于员工和各级管理人员来说也是一样的，所以学习能力非常重要。企业的长远发展需要不断适应新的技术变化，所以员工的持续学习能力对企业而言十分重要。

附录二

职校学生
谈体会

北京城市学院单浩：
大学期间应多做与专业相关作品

　　刚刚毕业的大学生所欠缺的主要是工作经验，希望他们能够在大学期间多参加社会实践，除了毕业设计还要多做一些专业相关的作品，不但要多而且要出技术含量高的精品，多媒体行业的用人单位通常都会要求个人展示作品。

　　工作以后我觉得最大的感受可以用电影《手机》中的一句经典台词："做人要厚道"。步入工作岗位以后，没有了伙伴，没有了同学，而面对的只有陌生的同事，主管，老板，刚刚步入社会的我们，欠缺的不仅仅是专业理论、经验技术，而是可以接触更多的人，更多复杂的人，对你好的人和对你不好的人。但不管怎样，只有以一种平常心态，对待身边的每一个人，互相尊敬，愉快地合作，工作才有了乐趣。把钱和物质看得淡一点，自己多做一些，多帮别人一些，多吃一点亏，别人才会尊敬你，自己也才会成为一个对他人、对社会有益的人。

天津中德应用技术大学孟凡钧：
对未来要有清晰规划

　　在这个技术创新不问出处的新时代，我正在研究人工智能和图像识别技术，希望毕业后能在这个领域继续深造。自己的研究方向与科研人员有所不同，他们的设计能力更强，而我能把他们的设计变成现实，解决现场问题，保证设备稳定运行。在校生对于未来应当有清晰的规划，埋下头努力学习，积极参加竞赛或社会实践活动，规划、学习、实践，这是成为工匠之路上逢山开路的三把斧头。规划中对于成才目标应当明确，技能报国是我们这个时代职业院校学生的最高抱负。习近平总书记说过，职业教育与经济社会发展紧密相连，对促进就业创业、助力经济社会发展、增进人民福祉具有重要意义。职业教育越来越被重视，技术人才、大国工匠将和科研工作者一样受到尊重。职校生就该抓住时代机遇，在术有专攻的方向上全力发展自己。

四川西南航空职业学院柯玲：
更重要的是内在素质

兴趣是最大的老师，梦想是最好的信仰。要一路成长为乘务员，需要经历精密培训、严格考核和残酷淘汰。需要有各项专业知识和专业技能，还需要通过形体训练塑造靓丽的外在形象和高雅的气质。光长得好看是不够的，后天的学习也非常重要，比如咬着筷子练习微笑、顶着书本练习走姿、学习各类专业知识……这些方面的训练都必不可少的。

在学习空乘期间，我通过严格遵守学校标准化、军事化的管理制度，每天早晨六点半就起床跑早操，增强身体素材；坚持每天英语打卡，提高自己的外语水平。除了文化课的学习，还有各种基本功的训练，包括形体、礼仪、化妆、茶艺、表达与沟通等。最难且至关重要的就是专业课程的实训，客舱服务、客舱安全与急救、紧急撤离等。通过在学校的专业训练，让我们对这份职业有了更深入的理解，离一名合格的乘务员越来越近。乘务员做的不止是在机上端茶倒水，更重要的是保护客舱安全。每次在招聘面试中，会展示空情处置如防身拳术技能的学生，能为面试加分不少。比起外表，显然更重要的是心怀乘客安危、高效处置各种空情的内在素质。通过校园招聘后，要前往浙江长龙航空公司进行初始乘务员的培训，新的征程即将开启，虽然未来充满未知，但是努力提升自己，充实自己，相信属于自己的未来，终将会到来。

宁都高级技工学校张志超：
更多努力，提升综合实力

　　曾经参加全国乡村振兴职业技能大赛江西省选拔赛农机修理工项目，并荣获一等奖（金牌），后又代表江西省参加全国乡村振兴职业技能大赛，获得了第 8 名（优胜奖）的成绩。经过了比赛的历练，让自己成长了不少，值得总结累积经验，吸取教训，投入到下步的学习中。农机和其他机电行业一样，正处在产品更新换代、技术升级改造的关口，对技能人才的要求更高了，作为一个偏远山区走出来的孩子，我相信和本科的学生比，别人学得好，我比别人多努力一下，就可以学得更好，在下一阶段的学习锻炼中，进一步提升综合实力。将来就业可以结合自身情况和家庭情况，利用好当前国家的就业扶持政策，尤其是基层就业计划和项目，多渠道、多元化地选择，用掌握的技术为乡村振兴服务。

四川城市职院杨蓓蕾：
最好的"保鲜"就是不断进步

我们在大一会学习老年照护的基础知识，比如老年心理学基础、养老护理员基础知识、老年人福利政策等，了解老年人的身体情况变化、心理情况变化等，学习如何为老年人提供生活照护；在大二我们会学习如何为老人开展康复训练和急救护理，同时还要学习使用智能化设备为老年人进行智能伴护，例如老年人康复训练、老年人常见疾病预防与照护、智慧养老照护技术等，像实训室里的老年人防走失系统，我们已经学习了如何操作和使用，可以通过戴在老人手上的智能手环发出传感信号，随时监测到失智老人是否在安全区域内。大三的时候我们会到养老机构去实习，能够用自己所学的知识在养老机构中帮助到老年人，我也非常开心。每次的比赛对我来说都是一次次历练，丰富自己的历程。自我塑造的过程很痛，但终将遇见更好的自己，最好的"保鲜"就是不断进步。

黄山炎培职业学校倪孝东：
找准人生赛道，人人皆可出彩

    没出校门就进好企业实习，对自己的第一份工作很满意。学的数控加工专业跟用人的企业岗位需求很对口，在校期间打了 2 年基础，顺利进入 HX 精工股份有限公司实习，因为表现好，毕业后能留在企业正式入职。选这个学校和专业，在国家重视硬件制造的大环境下，等于找准了一条人和环境两相适的赛道，奔向充满希望的明天，一定会迎来出彩人生。正式工作以后我要好好干，希望能成为机床行业的技术能手和专家，服务社会发展。

重庆电子工程职业学院李小松：
跟踪前沿技术

报考高职的光电专业其实不限文理，我高中时就是文科。我的家在江西萍乡的农村，高考之所以报了职院的光电显示技术专业，是因为对电器很有兴趣，从小就爱瞎鼓捣。小学时曾经把风扇的电机拆下来，当作手摇发动机玩；把电视机音箱拆下来，当磁铁玩，气得我爸要打我。高考时以务实的心态，综合比对了各个职业院校的电子专业后，择优填报了重庆电子工程职业学院，我爸妈没想那么多，就觉得学门技术，踏实肯干，就会有饭吃。看到曾经的瞎鼓捣终于要上正路，我父母都很支持。

从大二参加重庆市级比赛开始，以赛促学，参赛让我有机会对标行业顶尖高手，提升更快。其间获奖不断，2020 年底，在全国第一届职业技能大赛中，获得光电技术项目银牌，入选第 46 届世界技能大赛国家集训。毕业后被保送本科，终将成为光电技术的工匠，点亮这个世界。

出版后记

2021 年 4 月，全国职业教育大会在京召开。习近平总书记对职业教育工作作出重要指示强调，在全面建设社会主义现代化国家新征程中，职业教育前途广阔、大有可为。要推动职普融通，增强职业教育适应性，加快构建现代职业教育体系，培养更多高素质技术技能人才、能工巧匠、大国工匠。

当前，我国有 1.1 万余所职业院校，在校学生超过 2900 万人，我国已建成世界上规模最大的职业教育体系。职业院校的专业设置遍布各个产业及其端口，各个行业的职业院校毕业学生都成为各自行业、各自职位上的标兵先锋、行家里手。在国家的积极引导下，在社会各方面的共同努力下，我国职业教育在既有基础上，仍有巨大的发展空间，职业院校毕业学生的就业前景仍旧十分广阔。

职业的敲门砖往往来自他人的经验，前人的成功往往是后人最好的示范、最佳的灵感来源。随着中国特色社会主义进入新时代，时代的发展需要大国工匠，迈向新征程更需要大力弘扬工匠精神。只要我们以工匠精神激励更多劳动者争做高技能人才，用实干成就梦想，必将汇聚起推进高质量发展的坚实力量，在新征程上创造新的辉煌。

"心心在一艺，其艺必工；心心在一职，其职必举"，为了鼓励广大青少年以更加昂扬的姿态走进职业院校，以更加振奋的精神走向职场，也让他们的家长对孩子的未来更有信心、充满希望，我们携手中公教育创新战略研究院特地编写了这本书，以期用这些生动的职业院校毕业生事业成功的案例，坚定广大职业院校学生及其家长所做的人生规划和职业抉择。

收入本书的这些大国工匠，均系从中华全国总工会、中共湖南省委、湖南省人民政府主办的首届大国工匠论坛中遴选。能工巧匠均为在本行业业绩、贡献突出者。在本系列后续推出的图书中，我社将为读者介绍更多的大国工匠能工巧匠，以及他们激励人心的事迹。

本书在出版过程中收入了部分报刊、网站的文章和图片，虽然我们积极地以各种方式联系作者，准备发放稿酬，但出于各种原因，与有些作者仍然未能取得联系，对此我们深表歉意。为了保障作者的权益，我们已经将未能联系到的作者文章稿酬，按照行业标准转存到中国文字著作权协会，作者见到本书后可与我社联系或与中国文字著作权协会联系，领取稿酬。

在此，特向为本书出版付出劳动的各位同志表示衷心感谢！

2022 年 11 月